AF235674

FINDE DEINE FORMEL

Über die Formel des Lebens, die Kraft und Orientierung gibt.

-

Ein Wegweiser auf der Suche nach sich selbst und zum Glück.

Moritz Niedworok

Impressum

Bibliografische Information der Deutschen Nationalbibliothek:
Die Deutsche Nationalbibliothek verzeichnet diese Publikation in der Deutschen Nationalbibliografie; detaillierte bibliografische Daten sind im Internet über http://dnb.dnb.de abrufbar.

© 2021 Moritz Niedworok

Fragen und Anmerkungen: findedeineformel@gmx.de

Covergestaltung: pro_ebookcovers

Herstellung und Verlag: BoD – Books on Demand, Norderstedt

ISBN: 978-3-7534-7253-9

Für meinen Sohn.

Inhalt

Prolog: Fragen und Vorabinformationen

Das Vorhaben in Kürze – Worum es geht und die wichtigsten Fragen:

Im Folgenden geht es darum, eine Formel zu erstellen, die dem Leser Orientierung und Halt, Kraft und Motivation gibt. Eine Formel, von der man alles für einen im Leben Wichtige ableiten kann und mit der man in dieser komplizierten Welt - in einer übersichtlichen Form mit der Konzentration auf das Wesentliche und daher komprimiert, aber dennoch nicht unvollkommen - wieder klarsehen kann.

Dafür muss man zuvor seine Einstellungen und Weltsicht klären. Die daraufhin erstellte Formel selbst stellt eine tägliche, ca. zweiminütige Besinnung darauf dar, wer einem wichtig ist, was man erreichen will, wie die Welt funktioniert und was man in seinem Verhalten und in seiner Lebensführung beachten sollte. Dies geschieht, indem man zur Ruhe kommt und diese Formel gebetsartig durchgeht.

Es gilt dabei, diese Formel auf den Einzelnen zuzuschneiden; einen Weg zu finden, mit dem eigenen Leben, den eigenen Ängsten und den ganz persönlichen Problemen zurechtzukommen. Im Weiteren sollen die großen Fragen des Lebens so gut es geht geklärt werden, Wissen verbunden und die Welt verstanden werden, damit man nicht nur die Welt, sondern auch sich selbst verstehen und zu sich finden kann.

Auf dieser Reise soll dieses Buch als nützlicher Wegbegleiter dienen, der einem Strategien und Hilfen in einem simplen, aber intensiven Konzept bietet, welches das Leben fortan begleitet.

Um eine wahrhaftige Formel seines Lebens zu erstellen, braucht es mehr als nur ein paar Überlegungen, sie kann nicht komplett vorgegeben werden und ist auch nicht ohne eigenes Zutun realisierbar. Daher bietet dieses Buch ein Gesamtkonzept, bei dem man sich mit seinem Leben, seinen Konflikten, aber auch seinen Stärken auseinandersetzt und mit nützlichen Strategien so kombiniert wird, dass man seine Ziele im Leben erkennt und erreicht. Am Ende erhält man nicht nur eine Formel, die man in sein Leben integriert, sondern eine Formel, mit der man auch wächst und sein Leben konkret verändert.

Fragen, die hier unter anderem beantwortet werden sollen, sind:

Gibt es eine Möglichkeit, wie ich es schaffe, ...

... eine Formel zu erstellen, die mir generell, aber auch in problematischen Situationen innerhalb einer Minute Orientierung, Halt, Kraft und den Fokus auf das Wesentliche geben kann?

... meinen Alltag zu ordnen, produktiver zu werden und mich selbst zu motivieren?

... das Leben, die Menschen und die Gesellschaft besser zu verstehen und mich in meinem Verhalten weiterzuentwickeln?

... die Frage nach Gott und dem Sinn des Lebens differenzierter zu betrachten oder (langfristig) sogar zu beantworten?

... mich und mein Leben zu akzeptieren, meine Konflikte und Probleme hinter mir zu lassen und wie ich meine Ängste und Zwänge lösen kann?

... zu mir selbst zu finden und zu dem zu werden, der ich sein möchte?

... mich endlich zu entspannen und glücklich werden zu können?

Wichtige Anmerkung

Da es sich bei diesem Buch um das Standard-werk meines Konzepts der „Formel" handelt, wer-den im Folgenden zunächst einige grundlegende Fragen und weiterführenden Informationen des Gesamtkonzepts behandelt. Wer mit dem Buch gleich loslegen und diese detaillierten Vorabinfor-mationen überspringen möchte, kann ohne weite-res direkt mit *Teil 1 – Die Basis* beginnen.

Der Aufbau der drei Teile des Buches

Dieses Projekt ist so aufgebaut, dass für die Basis der zu erstellenden Formel in **Teil 1** zunächst einmal die grundlegendsten Aspekte des Lebens geklärt werden, die für jeden beinahe gleich sein dürften und die elementarsten Fragen der Menschheit beinhalten:

1. Wie funktioniert die Welt und der Mensch an sich?

2. Gibt es einen Gott und welche Aufgabe haben Menschen in ihrem Leben zu bewältigen?

3. Wenn es einen Sinn des Lebens gibt, welcher wäre es?

Darauf aufbauend ist es **im zweiten Teil** von zentraler Bedeutung, die grundlegende **Formel** für sich selbst zu erstellen und sein Leben in verschiedene Lebensbereiche, die das eigene Leben ausmachen, einzuteilen. Damit man sein Leben in die Hand nimmt und unabhängig werden kann, werden verschiedene Strategien angewendet und in den bisherigen Lebensalltag integriert, damit man produktiver wird und erste Erfolgserlebnisse erzielt. Außerdem wird ein persönlicher Wochenplan erstellt, der das Leben zusätzlich ritualisiert und eine Balance zwischen Sicherheit und Freiheit herstellt.

Das größte Problem ist es für gewöhnlich, die ausgewählten Strategien und gesetzten Ziele auch umzusetzen, Verhaltensweisen zu etablieren und sein Denken dauerhaft zu verändern. An diesem Punkt scheitern viele selbst erarbeiteten Vorsätze und ganze Therapien. Man muss an sich in Gänze arbeiten, es selbst wollen und vor allem aktiv und dauerhaft an seiner Situation arbeiten.

Die im Anschluss erstellte Formel wird später, **im dritten Teil,** mit klaren Zielen vor Augen und dem Bewusstsein, dass man hier nicht nur eine Strategie zur Verbesserung seiner Lebenslage erarbeitet, sondern gerade dabei ist, sein gesamtes Leben so zu leben, wie man es sich wünscht, ergänzt und verfeinert.

Dafür muss man sich selbst kennenlernen und entdecken wer man ist, was einen ausmacht und was man braucht, um glücklich zu sein. Unter anderem muss hier auch geklärt werden, welche ungelösten Konflikte man mit sich herumschleppt, welche für einen selbst ungünstigen Annahmen und Verhaltensweisen daraus entstanden sind und welche Alternativen es zum derzeitigen Blick auf die Welt gibt. Darüber hinaus geht es darum, wie man anderen, aber auch sich verzeihen kann und Denkweisen, die dem eigenen Glück im Weg stehen, hinter sich lassen kann.

Wenn man lernt, geeignete Verhaltensweisen und Strategien zu etablieren und sich hierin zu entwickeln – und, wenn man sich über die wichtigsten Aspekte des Lebens klar geworden ist, auf die man sich fortan konzentrieren kann – dann findet man wirklich zu sich, seinen Platz im Leben und hat die Chance, sein persönliches Glück zu finden. In diesem letzten Teil des Buches werden zahlreiche Empfehlungen gegeben, die man auf der Suche nach seinem eigenen, glücklichen Leben, beachten kann.

Am Ende ist es natürlich ein lebenslang andauernder Prozess, sich zu entwickeln und an sich zu arbeiten – mit der „eigenen Formel" wird dazu ein Konzept geboten, bei dem man eine starke Basis geboten bekommt, mit der man dieses Leben selbstbewusst und fokussiert in Angriff nehmen kann, in dem wissen, wer man ist und was man erreichen will.

Warum die meisten anderen Ansätze nichts bringen

Um die Welt zu verstehen und einen Weg zu finden, wie man seine Ziele erreichen kann, wie man mit persönlichen Problemen oder Ängsten umgehen kann, wie man sich selbst motivieren und wie man neue Kraft schöpfen kann – zu all diesen Fragen wurde bereits viel geschrieben, doch nichts, was meiner Ansicht nach dauerhaft helfen kann.

Denn entweder sind die Projekte und Strategien nur sehr speziell auf einzelne Teilaspekte des Lebens zugeschnitten („Was tun um glücklich zu werden?"; „Wie kann ich meine Ängste loswerden?"; „Wie schaffe ich es, mich zu motivieren?"), oder es wird einem versprochen, dass der Weg zum Glück und zur Motivation unter anderem der sei, den ganzen Tag zu grinsen oder sich durch kurze bis lange Videosequenzen von Motivationsreden und diversen Sprüchen selbst motivieren zu lassen, sodass man in Windeseile (und bis ans Lebensende) glücklich und ununterbrochen tatkräftig ist.

Motivationstrainer scheinen in der Regel voll engagiert, eloquent, charismatisch und voller Energie zu sein. Ihnen zuzuhören baut auf und ist mit Sicherheit spannend und bestimmt auch nicht falsch, doch sehe ich hier weder einen langfristigen Mehrwert für die einzelne Person, die eigenen Probleme in den Griff zu bekommen noch das Potential, das eigene Leben so umzukrempeln, das man glücklich wird oder zu sich selbst findet.

In der Regel ist man für einen kurzen Zeitraum angespornt, zum Beispiel mehr Sport zu treiben oder engagierter in der Arbeit zu sein, bis die erzeugte Begeisterung wieder abflacht, alte Problematiken zurückkehren und man nichts dauerhaft geändert hat.

Klar ist meiner Meinung nach: Nur ein ganzheitlicher, sinnvoller und umfangreicher Ansatz, zugeschnitten auf und in Mitarbeit mit der individuellen Person - kann helfen, tatsächlich zu sich selbst zu finden. Dies ist viel Arbeit, doch lohnt es sich, da man nicht nur aktuelle Probleme behandelt, sondern sich neu kennenlernt, lernt zu verstehen und sich sein Leben so gestaltet, wie man es wirklich möchte.

Das klingt nach viel Arbeit. Schaffe ich das?

Ich denke, dass es möglich ist, sich die Fragen des Lebens weitgehend zu beantworten und zugleich an sich zu arbeiten, sodass man letztendlich ein so glückliches Leben führen kann wie es möglich ist. Dabei stellen die Inhalte dieses Buches Aufgabenbereiche dar, die das ganze Leben andauern, das Leben sogar ausmachen und viel Kraft und Zeit in Anspruch nehmen – Am Ende sind sie aber auch die Schlüssel zum persönlichen Glück und zur Zufriedenheit.

Das Gute ist, dass es meiner Ansicht nach für nahezu jeden Menschen möglich ist, sein Glück zu finden, wenn man sich ernsthaft darauf einlässt.

Damit man nicht sogleich überfordert wird, fängt man mit kleinen Schritten an und erzielt schnell Erfolgserlebnisse. Zudem gibt es viele verschiedene Bereiche, und es ist nicht wichtig, dass sofort alles gelingt.

Die Formel stellt so als Basis den Ausgangspunkt, zugleich aber auch die Lösung der Probleme und Fragen dar, und so steckt trotz ihrer relativen Kürze viel mehr in ihr als eine wenige Minuten andauernde, gebetsartige Reflexion. Man lernt, die gewonnen Erkenntnisse in den

Lebensalltag einfließen zu lassen. Das Leben wird dadurch mit mehr Lebensqualität bereichert, da beispielsweise Ängste abgebaut werden und man sich immer besser und gezielter entspannen kann.

Meinem festen Glauben nach gibt es einen Weg, wie man mit seinem Leben zurechtkommen und sich diesem mutig stellen kann, seinen Problemen und Ängsten kraftvoll entgegentreten und einen eigenen Weg zum Glück finden kann.

Ganz wichtig: Kann diese Formel eine Therapie ersetzen, wenn ich an einer Depression erkrankt bin?

Menschen, die an einer Depression erkrankt sind, benötigen in jedem Fall eine psychologische oder ärztliche Behandlung und daher kann dieses Konzept niemals eine Therapie oder medizinische Behandlung ersetzen.

Die Formel ist als Hilfestellung für jeden Einzelnen gedacht, um an sich zu arbeiten, sich zu entwickeln und sich zu motivieren. Sie soll Kraft spenden, man soll sich die wichtigsten Fragen des Lebens beantworten und auch seine Probleme bewältigen. Insofern denke ich, dass sie für jeden interessierten Menschen eine günstige Ergänzung zum bestehenden Leben sein könnte und hoffe, dass sie möglichst vielen Menschen helfen kann.

Eine Alternative für eine professionelle Behandlung aufgrund einer schweren Erkrankung kann sie jedoch nicht leisten, und wenn man merkt, dass man eine Therapie benötigt oder Suizidgedanken hat, sollte man sich in jedem Fall Hilfe holen.

Die mit der Formel verbundene Hoffnung

Die ursprüngliche Zielsetzung war es, mit dieser Formel und den zugehörigen Theorien und Texten meinen Beitrag für ein besseres und friedlicheres Leben zu leisten und hiermit möglichst vielen Menschen beizustehen.

Eines Tages bemerkte ich, dass ich mir selbst über viele Dinge noch nicht ganz so klar war wie ich dachte – Ich musste mich erst finden. Daher sollte die Formel zunächst mir selbst helfen, im Leben zurecht zu kommen und mich angemessen zu verhalten. Sie sollte einen Leitfaden darstellen, um Probleme und Konflikte zu lösen, um Geschehenes zu verarbeiten, mich darüber hinaus zu motivieren und um glücklich zu werden.

So wurde ich, was die verschiedenen Strategien angeht, selbst zum Versuchskaninchen, während die Struktur der Formel sowie die Texte immer wieder überarbeitet wurden, bis dieses Konzept seine heutige Form angenommen hat.

Mir selbst hat es sehr geholfen und ich bin froh, mich mit diesen Themen auseinandergesetzt zu haben. Ich habe mich und meinen Weg gefunden, um glücklich zu werden und mehr innere Ruhe zu erlangen. Aus diesem Grund hat sich für mich dieses ganze Vorhaben schon einmal gelohnt. Nun bleibt mir nur zu hoffen, dass dieses Konzept auch bei anderen Menschen Anklang findet.

Die Formel funktioniert dabei unabhängig davon, ob man am Ende an einen Gott glaubt oder nicht. Menschen, die an eine bestimmte Religion glauben, müssen selbst entscheiden, inwieweit dieses Konzept für sie mit ihrer Religion vereinbar ist, doch sollten hierbei meines Erachtens nach kaum Probleme auftreten. Der betreffende Glaube soll in keinem Fall beleidigt werden, noch möchte ich anderen Menschen ihren Glauben absprechen.

Der gesetzte Anspruch an diese Arbeit

Viele der in dieser Arbeit behandelten Problemstellungen werden sehr kontrovers diskutiert, was bei der Thematisierung von Bereichen wie dem Sinn des Lebens, Gott oder der Seele nie ausbleibt und aufgrund der hier verankerten hohen Emotionalität immer eine große Uneinigkeit herrschen wird.

Auch einige der in diesem Werk zitierten Wissenschaftler, die in ihren Bereichen oft führend sind, stehen aufgrund verschiedener Thesen oder bestimmten Aussagen und Haltungen in der Kritik.

In diesem Buch geht es um den Versuch, Wissen so miteinander in Beziehung zu setzen, dass in diesem komplexen Leben, dieser chaotischen Welt und dem unüberschaubaren Maß an Wissen und Erkenntnissen eine Ordnung erkennbar wird, an der man sich orientieren und die einem Halt geben kann.

Der Anspruch, der erhoben wird, ist der, dass die getroffenen Annahmen möglich und widerspruchsfrei sind, den wahrscheinlichsten Umstand der Wirklichkeit abbilden, aber auch, dass so unvoreingenommen wie möglich an dieses Projekt herangetreten wurde.

Dabei stellt die Akzeptanz des Resultats eine sehr wichtige Komponente dar, die im Entwicklungsprozess hart erlernt werden musste. Denn so kann es auch geschehen, dass die Erweiterung des bisherigen Wissens eine entscheidende Überarbeitung des bisherigen Weltbildes erforderlich macht. Da die Frage um einen Gott eine sehr strittige und in Teilen unlösbare Thematik ist, habe ich versucht, den möglichen Grad der Lösbarkeit aufzuzeigen persönliche Deutungen und Hypothesen kenntlich zu machen.

In der Wissenschaft versucht man nichts weiter, als Sachverhalte zu erklären und das gewonnene Wissen in ein logisches System zu bringen, das in der Realität Bestand hat. Alles, was man tun kann, ist, Dinge zunächst zu beobachten und zu beschreiben, daraus Regeln abzuleiten und Thesen, bzw. Theorien zu erstellen, die in das System bestehenden Wissens eingeordnet und auf ihre Gültigkeit hin überprüft werden.

Nicht zu vergessen ist, dass es durch die fehlende Allwissenheit des Menschen keine hundertprozentigen Beweise in der Wissenschaft geben kann. Alles, was untersucht wird, ist durch unsere Wahrnehmungskapazität und unsere Annahmen, basierend auf einem beschränkten, menschlichen Verstand geprägt. Das menschliche Denken ist immer an den Menschen gebunden und wir so nie völlig objektiv sein können. Obendrein können wir nie die ganze Wirklichkeit beobachten, sondern nur einen Ausschnitt.

Schon Kurt Gödel bewies durch seine beiden Unvollständigkeitssätze, dass selbst die Mathematik mit ihren Beweisen an ihre Grenzen stößt. So können formale Theorien, die auf Axiomen basieren, nie ganz bewiesen werden (vgl. Dawson Jr. 1999). Die fehlende Allwissenheit bedeutet jedoch nicht, dass es keine Beweise in der Wissenschaft gäbe oder dass man alles einfach so in Zweifel ziehen könnte.

Die hier gewonnenen Erkenntnisse, beispielsweise die Naturgesetze, gilt es nicht nur zu akzeptieren, sondern durch ihre Logik auch als wahr anzuerkennen. Bei der Frage nach einem Gott handelt es sich um die grundsätzliche Fragestellung des Lebens, ohne dass man etwas wirklich beobachten könnte, und man kann aufgrund der Gegebenheiten nichts anderes tun, als beide Möglichkeiten zu erläutern und abzuwägen, ob es nicht doch einen Weg gibt, die Frage so gut wie möglich (für sich) zu beantworten.

Anmerkung zu zentralen Begrifflichkeiten

Glück

Das *Glück* wird teilweise von der treffenderen *Zufriedenheit* getrennt, an geeigneten Stellen aber auch synonym verwendet, da man durch eine ganzheitliche Formel mitsamt den zugehörigen Strategien an seinem eigenen Vorankommen und damit an sich ergebenen besseren Lebensbedingungen genauso arbeitet wie an den sozialen Bindungen. Dies hat sowohl Auswirkungen auf die kurzen Gefühle des Glücks, als auch auf die generelle Zufriedenheit im Leben, die in dieser Arbeit als das erstrebenswerte *Glück* subsumiert wird.

Natürlich ist klar, dass mit dem Glück nicht ein dauerhafter euphorischer Zustand beschrieben wird, sondern ein Leben zu leben, das der eigenen Vorstellung am ehesten entspricht und indem sich Chancen eröffnen, während Probleme minimiert werden. Im Weiteren wird bezüglich dieser Thematik auch auf die Ergebnisse zu zahlreichen Studien in diesem Bereich eingegangen.

Gefühle und Emotionen

Mit Ausnahme der grundlegenden Unterscheidung zwischen den ständigen, mehr oder weniger präsenten Gefühlen, die von Gerhard Roth (2003: 139) als „(bewussten) Erlebniszustand" als Unterform der Emotionen beschrieben wird, und den bewussten und unbewussten Emotionen, die im limbischen System entstehen und Einfluss auf das Verhalten nehmen, wird in dieser Arbeit auf eine weitere Differenzierung der beiden Begriffe nicht näher eingegangen (vgl. ebd.: 139ff).

Ich gehe im Folgenden davon aus, dass besonders die Gefühle der Angst und der Liebe im Denken und Handeln einen oft (auch von sich selbst) unterschätzten Platz haben und somit wie die Emotionen in jegliches Handeln mit einfließen. Der vom Verstand nicht trennbare emotionale Charakter des Menschen auf allen Ebenen darf somit ebenfalls nie im Zwischenmenschlichen unterschätzt werden.

Teil 1 - Die Basis

1.1 Der Mensch und die Gesellschaft

1.1.1 Die Möglichkeiten der Veränderbarkeit und die Dilemmata des Menschen

Wir alle sind unterschiedlich und leben unser eigenes Leben – Individualität spielt in der heutigen Zeit eine große Rolle. Doch neben der Einzigartigkeit unseres Seins funktionieren wir Menschen, unser Gehirn und damit auch die Art und Weise unseres Denkens nach den gleichen Prinzipien, sodass wir uns oftmals ähnlicher sind als gedacht.

Die erste Frage, die hier aufkommt, ist die nach der Möglichkeit, sich und sein Verhalten überhaupt zu verändern, denn dies wird für die gesetzten Ziele von zentraler Bedeutung sein und wird unter anderem durch Konditionierung des eigenen Lebensstils, Strategien zur Motivation und durch das Erreichen von kleinschrittigen Zielen erreicht.

Durch die Funktionsweise des Gehirns ist es allerdings gar nicht so leicht, sich zu verändern. Dies sieht man nicht nur daran, dass fast alle Menschen große Veränderungen in ihrem Lebensstil anstreben und bislang unerreichten Zielen nachjagen. Viele Menschen haben zudem Vorsätze und Wünsche, die theoretisch absolut erreichbar sind, die jedoch nur aufgrund des eigenen, scheinbar grundlosen Unvermögens, die gesetzten Ziele in die Tat umzusetzen, nicht erreicht werden.

Man hält an diesen Vorhaben fest, ohne dass man sie wirklich in Angriff nimmt, und arrangiert sich mit der Gewöhnung an das eigene Unglück. Dabei spielt es keine Rolle, ob es darum geht, eine Verhaltensweise zu ändern, sich beruflich zu verwirklichen oder einen geeigneten Partner zu finden – die Gelegenheit ist da, die Bedingung günstig, doch wird das Ziel dennoch hinausgeschoben.

Der Mensch, der sich schnell an Gegebenheiten gewöhnt und aus evolutionsbiologischer Sicht ökonomisch handelt und keine Ressourcen verschwendet, findet viele Gründe für das Untätigsein.

Auch das Gehirn spielt hier eine große Rolle. Nach dem Neurobiologen Gerhard Roth (2003: 545) unterschiedet sich das menschliche Gehirn mit Ausnahme des Boca-Sprachzentrums kaum von anderen Großaffengehirnen. Abgesehen von der komplexen Sprache und der Fähigkeit zu denken, womit man den Tieren meiner Ansicht nach in entscheidenden Dingen voraus ist, muss man sich mit Blick auf die täglich erlebbare soziale Umwelt bezüglich des Anspruchs der Exklusivität des vernunftorientierten Menschen wohl etwas zurücknehmen.

Nach Roth gehen dem Bewusstsein viele unbewusste Vorgänge voraus, sodass das bewusste Erleben nur als „Endprodukt" zu verstehen ist. So sind für Gefühle, bzw. Emotionen, das limbische System, durch das sie entstehen, von zentraler Bedeutung, die wiederum unser Verhalten maßgeblich steuern. Das unbewusst Ablaufende läuft den bewussten Vorgängen im Gehirn den Rang ab, da dies größere Auswirkungen auf das tatsächliche Verhalten hat (vgl. ebd. 548ff.).

Die alltägliche Vorstellung eines „freien Willens" wird von Roth zudem als „Illusion" bezeichnet, da nach ihm das limbische System bestimmt, wie wir handeln und nicht die Denkvorgänge, die wesentlich komplexer sind. Denn das limbische System kommt zuerst und hat jegliche Entscheidungen schon vorab getroffen. Der Verstand und die Vernunft sind zwar hilfreich und werden von ihm als „Ratgeber" bezeichnet, da sie wichtig für weitreichendere und nicht unmittelbare Urteile sind, Entscheidungsträger bleibt jedoch das limbische System (vgl. ebd. 553).

Der Neurowissenschaftler Antonio Damasio (2014: 14) vertritt hinsichtlich des Verhältnisses zwischen Denken und Fühlen die These, „[...] daß [sic!] sich das Denksystem als Erweiterung des automatischen Gefühlssystems entwickelt hat, wobei das Gefühl verschiedene Funktionen im Denkprozeß [sic!] übernimmt." Zwar kann dies sowohl Vor- aber auch Nachteile mit sich bringen, doch stößt der Bereich des Gefühls alleine schnell an seine Grenzen, während sich das bewusste Denken quasi ohne Gefühle als ebenso nachteilig erweisen kann, was allerdings nur bei bestimmten neurologischen Krankheiten vorkommt (vgl. ebd.: 14f.).

Da die Persönlichkeit und der Charakter, und damit die Art und Weise, wie wir Denken und Fühlen, schon sehr früh grundlegend in den ersten Lebensjahren ausgebildet werden, wird es dem Menschen zusätzlich erschwert, sich und sein Leben zu verändern.[1] Nach Auffassung Roths (2003: 552) sucht sich ein Mensch im späteren Leben eine zu sich passende Umgebung, und der Korridor des möglichen Wandels bewegt sich bei rund 20%.

Änderungen sind im späteren Leben möglich, wenn auch stark eingeschränkt. In der Realität sieht man, dass bei vielen Menschen ein großer Unterschied zwischen dem Angestrebten und dem tatsächlichen Verhalten herrscht. Auch wenn Veränderungen manchmal sogar aus finanziellen oder gesundheitlichen Gründen dringend werden, erfolgt eine tatsächliche Änderung erst spät – genauso wie viele Menschen in Prüfungssituationen erst dann lernen, wenn der Druck hoch und sich von der ursprünglichen Planung zu Lernen längst verabschiedet hat.

---

[1]   Roth (2003: 552) spricht hier von ca. 50% der Persönlichkeit, die schon bei der Geburt durch genetische und pränatale Faktoren feststehen. Den Grad der Persönlichkeit, der neben der Genetik durch die Erfahrungen in den ersten Lebensjahren ausgemacht wird, beziffert er mit 75% (vgl. ebd.: 556).

Änderungen im Verhalten brauchen in Theorie und Praxis lange Jahre, um dauerhaft zu sein oder benötigen drastische Erlebnisse emotionaler Art.

Der Versuch, sich zu finden, setzt eine reichhaltige Reflexion voraus, die auch viel mit emotionaler Aufarbeitung zu tun hat. Da man mithilfe der in diesem Buch vorgestellten Strategien viele Dinge ändert, die sich oftmals auch aus vorangegangen Entwicklungen ergeben, braucht die Konditionierung des eigenen Selbst ohnehin viel Zeit.

Wichtig ist, dass man die angestrebten Veränderungen durchdacht ansetzt, damit diese nicht nur sinnvoll, sondern auch produktiv und zielführend sind. Während dieser Zeit wird einem sehr viel bewusstwerden und es wird sich immer klarer abzeichnen, wer man sein möchte – dies stellt einen langwierigen Prozess dar, der von vielen emotionalen Momenten und Erfolgen begleitet wird.

Macht man sich immer wieder klar, was man schon verändert hat und wie sich das eigene Leben durch die eigene Formel zum Positiven gewandt hat, wird man nicht aufhören wollen, diesen Entwicklungsprozess fortzuführen.

Geht man von Rohts 20% aus, klingt das auf den ersten Blick wenig, aber dies ist es nicht. Zum einen entscheiden oftmals nur kleine Veränderungen, Verhaltensweisen und Denkmuster zwischen einer konstruktiven oder destruktiven Lebensführung. Zum anderen ergeben sich aus kleinen

Veränderungen oft Möglichkeiten, deren Bahn fast von selbst in eine günstige Richtung eingenommen wird.

Gelingt es, geeignete Bedingungen für eine langfristig erfolgsversprechende Lebensführung zu schaffen, wird man mit Rückschlägen besser fertig, vermeidet unnötige Konflikte und kann sich auf sein Vorankommen konzentrieren. Dabei gilt es, die für einen selbst positiven Seiten, die man durch die verschiedensten Prägungen besitzt, zu finden, hervorzukehren und im eigenen Selbstverständnis zu festigen.

Auch in einer neueren Arbeit postuliert Roth (2019: 262ff.) nochmals seine Ansichten zur Veränderbarkeit des Menschen, mit der er sich seit langem sehr eingehend beschäftigt, und in der auf die Wichtigkeit aufmerksam gemacht wird, dass man sich nur verändern kann, wenn man die Gründe hierfür selbst einsieht und man sich auf das Geplante einlässt. Das Bewusstsein agiert hier jedoch schneller als das unbewusst Ablaufende, das ebenfalls hinter den Veränderungen stehen muss und für etwaige Veränderungen eine gewisse Zeit benötigt.

Um eine Verhaltensänderung zu erreichen, gibt es traditionell gesehen vier Bereiche, die aus der Bestrafung, dem Vermeidungslernen, dem Belohnungsentzug und der Belohnung bestehen (vgl. ebd.: 270). Dabei scheint die Belohnung die einzige, wirklich vielversprechende zu sein, doch auch hier gelten viele Einschränkungen und Bedingungen. Im hier vorliegenden Buch stellen die

Belohnungen durch Reflexion und Strategien die Selbsterfahrung, Verarbeitung von Erlebnissen und die gesteigerte Lebensqualität dar. Da man viele Ziele kleinschrittig erreicht und hier immer wieder unerwartete Schübe auf sich warten, wird man auf verschiedenste Arten und Weisen mal stärker und mal schwächer entschädigt. Dabei muss man lernen, die Erfolge und Veränderungen auch als Belohnungen wahrzunehmen – langfristig gesehen ist man hier auf der sicher(st)en Seite, da das Leben einen vorteilhaferen Kurs einschlägt.

Unser Denken wird zusammenfassend durch Emotionen bestimmt, und unser Leben von starken Gefühlen geleitet, vor allem von der Liebe und der Angst, die in viele Handlungen maßgeblich mit einspielen. Wir alle wollen Aufmerksamkeit und wollen geliebt werden; da im Leben allerdings garantiert ist, dass beides nicht selbstverständlich und permanent möglich ist, können viele Konflikte meiner Ansicht nach stark verkürzt als eine Folge der Störung dieser Bedürfnisse angesehen werden.

Als Menschen sind wir Teil der Evolution, wollen uns durchsetzen und folgen den Lebensstrategien, die sich als evolutionär bewährt haben. Diese sind im Vergleich zu unserem Verstand recht einfach gestrickt, da der Mensch sich in sehr kurzer Zeit sehr schnell entwickelt hat.

Da die Welt und die sozialen Beziehungen sehr komplex sind, ist das Leben auch nie einfach oder leicht zu bewältigen. Die Sinneseindrücke sind riesig, müssen unablässig gefiltert werden, Situationen einzuschätzen erfolgt zusätzlich durch verschiedenste Erfahrungen und viele weitere Faktoren, die die persönliche Wahrnehmung des Einzelnen überdies beeinflussen und die Welt noch ein Stück komplizierter machen. Nicht nur der Mensch, auch ganze Gesellschaften funktionieren nach ähnlichen Prinzipien, egal wie alt sie sein mögen, da trotz veränderter Lebensbedingungen und Moralvorstellungen die grundlegenden Handlungsmotive gleich geblieben sind.

1.1.2 Die neun Prinzipien des Menschen

Wenn man den Versuch wagt, sich die Welt zu erklären, muss man reduzieren, damit eine einfache, aber richtige Basis bleibt, auf die man aufbauen kann. Nachfolgend wird nun eine Reihe von einfachen Regeln bezüglich der Funktionsweise des Menschen und der Welt, bestehend aus neun Prinzipien, aufgestellt:

1. Das Leben ist ein Chaos

Während sich mit der Zeit immer klarer herausgestellt hat, dass das Universum alles andere als chaotisch ist, scheint also gleich der erste Punkt ein Widerspruch in sich zu sein. Schon Albert Einstein hat sich über den unerwartet hohen Grad der Ordnung des Universums, wie durch Newtons Gravitationstheorie gezeigt werden konnte, mehr als erstaunt gezeigt und wird in diesem Zusammenhang von John Lennox (2017: 84) bei seinem Versuch, aufzuzeigen, dass sich hinter der Struktur des Universums durchaus eine nicht detektierbare Intelligenz verbergen könnte, zitiert.[2]

---

[2] Vgl. Einstein, Albert (1956): Briefe an Maurice Solovine. Paris: Gauthier-Villars: 114.

Was jedoch die Wahrnehmung des einzelnen Menschen und seine sozialen Beziehungen angeht, so stößt wohl jeder trotz seiner theoretischen Erklärbarkeit schneller als man denkt an seine Grenzen des Versteh- und Verarbeitbaren. Denn die Komplexität allein der sozialen Beziehungen und der Interaktionen erscheint in seiner Gänze niemals begreifbar zu sein. Sie ist sogar so komplex, dass oftmals nicht einmal eine Person, die eigentlich bei klarem Verstand ist nicht wirklich zu wissen vermag, was sie eigentlich wirklich möchte, was der tiefere Grund für bestimmte Gedankengänge ist und inwieweit diese Gedanken gerade von der aktuellen Situation, der derzeitigen Stimmung und Interaktion mit anderen Personen abhängt.

Wenn man nun bedenkt, dass alleine die Art und Weise zu handeln oder zu sprechen unterschiedlich interpretiert werden kann und auch hier die jeweilige, von Filterprozessen geprägte Wahrnehmung des Gegenübers eine große Rolle spielt, so ist es eher verwunderlich, wie gut der Code der Sprache und das alltägliche Leben doch funktioniert – zumindest aus der gegenwärtigen, friedlichen und von Wohlstand geprägten Perspektive.

Doch selbst in diesen außergewöhnlich ruhigen Zeiten wird man von Gedanken und Problemen geplagt, und kann sich nur sicher sein, dass lediglich das Chaos der Welt beständig ist und das gesamte Universum ein einziger Ort ist, an dem eine Vielzahl von Reaktionen zugleich ablaufen und man diese nie in seiner Gesamtheit erfassen kann – es sind Reaktionen und Geschehnisse, die winzig oder gewaltig sein können, und nur die eine Gemeinsamkeit haben, dass sie keine Rücksicht kennen.

Auch die oft ersehnte Perfektion kann es im Leben nicht geben. Wie auch das Gehirn Selektionsvorgänge unternehmen muss, muss man auch als Mensch entscheiden, was sinnvoll ist und was nicht. Während man also im chaotischen Leben zu bestehen versucht, wird die Welt nie gerecht oder berechenbar sein – sie bleibt chaotisch. Man ist nie perfekt, man kann dem Leben nie ganz gewachsen sein und man bekommt nie ganz genau das, wonach man strebt. So hat jeder Mensch Probleme, die ihn tagtäglich begleiten. Diese Probleme prägen uns, wobei man immer nur seine eigenen sehen kann, sofern sie einem gänzlich bewusst sind, während die von anderen kaum sichtbar sind, denn man kann nur in sich selbst hineinhorchen.

2. Das Leben ist ein Kampf

Im Leben muss man immer kämpfen. Egal ob gegen Naturgewalten, gegen Krankheiten, eigene Probleme oder in Konflikten mit anderen Personen. Wir sind darauf ausgerichtet, zu überleben. Die Evolution setzt dabei nicht nur auf günstige Strategien sich zu versorgen und das Leben zu behaupten, sondern vor allem auf Durchsetzung und Konkurrenz, was bedeutet, dass Konflikte vorprogrammiert sind.

Wir wollen als Mensch Liebe, Zuneigung und Anerkennung, und auch dies gilt es zu erarbeiten, da dies nicht jeder zu jederzeit bekommen kann.

Selbst in der für Menschen günstigsten Lebenssituation, wenn man einen sicheren Beruf und ein Dach über dem Kopf hat, wird das Leben zwar einfacher, aber nie ganz einfach sein.

Nicht nur die Versorgung muss gesichert sein, man muss auch mit sich und anderen im reinen bleiben. Außerdem muss man auch gegen den inneren Schweinehund ankämpfen. Man muss ständig aufpassen, dass man auf seine Gesundheit achtet, seine Nächsten nicht vernachlässigt, dass man es sich nicht zu bequem macht oder dass einen die Traurigkeiten des Lebens nicht überwältigen – das Leben bleibt ein Kampf.

3. Man denkt an sich selbst

Um sich gemäß der Evolution behaupten zu können, ist man darauf ausgelegt, an sich zu denken. Man muss sich durchsetzen und über andere stellen, denn nur der Stärkste kann überleben. So funktioniert im Endeffekt nicht nur der einzelne Mensch, sondern mit ihm große Teile der Gesellschaft.

Natürlich ist man auch auf Harmonie bedacht, doch könnte man aufgrund der vielen, nicht enden wollenden Gewalt in der Welt hinterfragen, ob dies nicht auch unter anderem eine Strategie ist, die einem das Überleben sichert und dem Einzelnen einen evolutionär bedingten Vorteil verschafft.

Doch dies scheint nicht der Fall zu sein, da die Welt weit komplexer ist. Denn der Mensch denkt nicht die gesamte Zeit an sich und ist, was viel wichtiger ist, auf soziale Interaktion ausgelegt. Er benötigt Liebe und Anerkennung, und soziales Handeln wird dabei mit guten Gefühlen belohnt.

Altruistische, nicht überfordernde Handlungen haben sogar einen Einfluss auf die Gesundheit und auf das Wohlbefinden, zumal sie dazu führen können, dass man länger lebt (vgl. Post 2005).

Dabei darf man jedoch nicht vergessen, dass es in der Realität so aussieht, dass der Mensch in entscheidenden Situationen an sich denkt und oft durch das ökonomische Haushalten Gründe findet, sich bei der Hilfe anderer zurückzuhalten, was mit einem Blick auf die zusätzliche rohe Wirklichkeit des Durchsetzens und der Kriege nicht vergessen werden sollte. So gehört zum Menschen also beides und das Verhalten hat wahrscheinlich auch etwas mit der Genetik zu tun, wie der Psychologieprofessor Ariel Knafo bemerkt (vgl. Robison 2014).

So sieht man beispielsweise je nach Charakter eine Verhaltensveränderung, wenn Menschen Macht bekommen. Der Egoismus und der Drang zu überleben zeigt sich unter anderem dann, wenn es nicht genug Nahrung gibt und Menschen hungrig sind. Grundsätzlich ist man im menschlichen Denken zwar weit fortgeschritten, doch das Benehmen wird vor allem in bedrohlichen Situationen schnell primitiv.

In der modernen Gesellschaft sind diese Verhaltensweisen subtiler und werden oft unter dem Deckmantel sozialer Regeln im Geheimen ausgelebt. Wichtig ist, nie zu vergessen, dass der Mensch in erster Linie vor allem unterbewusst an sich denkt, und dass dieses egoistische Verhalten in der Regel mit allen Mitteln gerechtfertigt wird.

Trotzdem ist nicht jeder im Grad seines Egoismusses gleich, und so konnte man durch ein Experiment feststellen, dass Menschen offenbar in ihrem interaktiven Verhalten sehr unterschiedlich sind, dass dieses Verhalten oft eine gewisse Konstanz birgt und es möglich ist, Menschen je nach Situation in bestimmte Gruppen einzuteilen. Das Ergebnis ist, dass ein großer Teil aus unterschiedlichen Gründen eher egoistisch oder neidisch sind (vgl. Poncela-Casasnovas et al. 2016).

Dies muss eine Person nicht direkt zu einem schlechteren Menschen machen, zumal es Möglichkeiten gibt, an sich zu arbeiten. Es ist natürlich auch nicht so, dass der Mensch überhaupt keine Fairness kennen würde, zumal er als ein soziales Wesen auf andere angewiesen ist, was eine gelingende Interaktion voraussetzt. In der Forschung hat man herausgefunden, dass diejenigen, die stärker auf ein Miteinander setzen und sich fair verhalten, langfristig ebenso erfolgreich in ihrem Verhalten sind wie diejenigen, die den Fokus stärker auf den eigenen Vorteil legen (vgl. LMU München 2018).

Auch mit Blick auf die gesamte Gesellschaft gesehen ist trotz des hier ständig vorhandenen Egoismusses das generelle kooperative Handeln und eine sinnvolle Arbeitsteilung vorteilhaft. Dies galt schon für vergangene Zeiten, als die Gesellschaft noch lange nicht so ausdifferenziert war wie die heutige.

So sollte schließlich im Hinterkopf behalten werden: Dass es eine Seite des Menschen gibt, die dazu führt, dass er nicht nur selbstbezogen handelt und je nach Charakter mehr oder weniger sozial ist. Dass es andererseits allerdings auch eine Seite des Menschen gibt, die dazu führt, dass man als Konkurrent gesehen wird. Eine Seite, die schnell verrohen kann und dazu führt, dass Gründe für eigennütziges Handeln gefunden werden, zumal aufkommende Ängste und die Gier sehr rasch großen Einfluss auf das Verhalten nehmen können. Dies ist zumindest insoweit in Ordnung, da man als Mensch (abgesehen von der eigenen Familie) zunächst nur für sich selbst verantwortlich ist, man im Leben lernen muss, wie man mit Menschen umgehen sollte und man sich nicht von anderen abhängig machen sollte. So gilt es in diesem Leben für einen selbst, eine vernünftige Balance zwischen dem strategischen, eigenen Vorankommen und der Bewahrung seiner Integrität zu finden.

4. Emotionen steuern das Leben

Wie schon erwähnt, wird das Leben und das Denken von Emotionen bestimmt. Auch wenn man versucht, möglichst objektiv zu handeln, wird einem dies aufgrund unserer Programmierung nie ganz gelingen, denn die Emotionen und Gefühle spielen überall mit ein. Persönlich denke ich, dass das Denken und die Vernunft schon einen erheblichen Einfluss auf die Entscheidungen des Menschen haben, besonders dann, wenn man sie durch ausgeprägte Reflexionen mit Emotionen versieht.

Da wir als Menschen die Fähigkeit besitzen, uns unseres Verstandes zu bedienen, hebt uns dies von den Tieren ab, wenn auch durch die Prägung unseres Gehirns vieles vorbestimmt oder in gewissen Grenzen verbleibt. Da emotionale, und zum Teil oberflächliche und primitive „Tendenzen" das Leben ebenso beeinflussen, sollte man zusehen, dass man sich ein geregeltes Leben schafft, dass man mit seinen Gefühlen im reinen ist und lernt, an sich zu arbeiten – Denn wenn nur der Verstand, nicht aber der gesamte, emotionale Organismus hinter den selbstgesteckten Zielen steht, bleiben am Ende sehr wahrscheinlich nur gute Vorsätze übrig.

5. Man braucht Liebe

Dass man neben einer grundlegenden Versorgung auch Liebe zum Leben benötigt wird wohl von kaum jemandem ernsthaft in Zweifel gezogen werden. Dabei gibt es natürlich nicht nur die eine Form der romantischen Liebe.

Tim Lomas (2018a) hat beispielsweise bei der Suche nach Wörtern, die außerhalb des Englischem Ausdrücke für Liebe darstellen, die Liebe in 14 verschiedene „Geschmäcker" unterteilt, wobei auch diese sehr differenzierte Liste noch nicht ganz abgeschlossen ist.

Die 14 Arten der Liebe können auch vermischt vorkommen oder sich wie in einer Beziehung mit der Zeit verändern, da der Bereich der Liebe sehr vielseitig ist. So gibt es außerdem nicht nur Liebe für den Partner, sondern auch für Freunde, Familie, Objekte, Orte oder zu sich selbst. Auch die Leidenschaft und die Begierde stellen dabei genauso wie die Zuneigung und Loyalität Formen der Liebe dar (vgl. ebd.).

Das ein Lexem wie die Liebe im Übrigen poly-
sem ist und damit mehrere Bedeutungen hat, ist in
den verschiedenen Sprachen keine Seltenheit, sondern stellt eher den Normalfall dar, da der Mensch
im Allgemeinen dazu neigt, bereits bestehende
Ausdrücke zu verwenden, denen eine ähnliche Bedeutung zu Grunde liegt und so die Erfindung
neuer Wörter vermieden wird (vgl. Löbner 2003:
60).[3]

Um ein mit Liebe erfülltes Leben zu führen
muss man allerdings nicht verheiratet sein, eine
Bilderbuchehe führen oder sich überhaupt in einer
Partnerschaft befinden. Man hat in einer Studie
herausgefunden, dass es hierbei eher darum geht,
zunächst für sich selbst ein glückliches und erfülltes Leben zu finden, was je nach Person mit und
ohne Partner möglich ist (vgl. Purol et al. 2020).

Die Liebe ist ein wichtiger Teil im Leben der
Menschen, auch, da sie beispielsweise durch die
hier freigesetzten Hormone einen Einfluss auf das
Wohlbefinden und die Gesundheit haben.

---

[3] Vgl. hier auch meine Hausarbeit aus dem Jahr 2008: „Das
Problem der Abgrenzung von Polysemie und Homony-
mie und die Auswirkung auf das Wörterbuch".

Die positiven Einflüsse sind zahlreich belegt, zum Beispiel durch das Hormon Oxytocin, das beispielsweise bei der Geburt eins Kindes eine wichtige Rolle spielt und auch bei frisch Verliebten erhöhte Werte aufweist. Dieses Hormon, das unter anderem mit der Bildung von Vertrauen und Empathie zusammenhängt, kann auch bei Depressionen oder Angstzustände hilfreich sein (vgl. MacGill 2017).

In einer kürzlich erschienen Studie konnte gezeigt werden, dass Oxytocin ebenso bei Verdauungsbeschwerden durch Stress hilfreich ist und gegen die Stressauswirkungen vorgeht, indem das Hormon die an der Stressreaktion beteiligten Nervenbahnen beeinflusst (vgl. The Physiological Society 2020).

Das berühmteste Beispiel, dass oft als Beleg dafür herangezogen wird, um zu zeigen, dass man ohne Liebe nicht leben könnte, wird einem angeblichen Experiment unter Kaiser Friedrich II. (HRR) im 13. Jahrhundert zugeschrieben, was allerdings auf einen Diskreditierungsversuch eines Franziskanermönchs zurückzuführen ist, der den Kaiser als herzlos und unchristlich darzustellen versuchte.

In dem besagten Experiment versuchte man herauszufinden, in welcher Sprache und auf welche Sprechweise Kinder sprechen würden, wenn ihnen jeglicher Spracheinfluss und auch alle Zärtlichkeiten verwehrt blieben. Infolge der fehlenden Zuwendung seien allerdings alle Säuglinge gestorben (vgl. Houber 2008: 144f.).

Auch wenn dieses Experiment wahrscheinlich nie stattgefunden hat, droht bei den beschriebenen Zuständen der *Hospitalismus*, der „das Auftreten von psychischen oder physischen Schädigungen besonders bei Kindern, die durch die Besonderheiten (z. B. mangelnde Zuwendung) eines längeren Heimaufenthalts o.Ä. bedingt sind", beschreibt (Duden 2019: 905).

Vor allem seit der Erforschung der Psychologie von Säuglingen und Kleinkindern durch René Spitz weiß man, wie wichtig Liebe für den Menschen und seine gesunde Entwicklung ist. Er beobachtete beispielsweise die Entwicklung von Säuglingen in einem ‚Findelhaus' mit prekären Bedingungen, in dem die Versorgung zwar adäquat, die Schwestern jedoch zu viele Säuglinge zu betreuen hatten (er spricht von inoffiziell bis zu zwölf Kindern pro Schwester), sodass man ihnen nur einen Bruchteil der gewöhnlichen Zuwendung zukommen lassen konnte (vgl. Spitz 1987: 289f.).

Anhand dieses Mangels der mütterlichen Fürsorge zeigten sich nicht nur negative Folgen, die die Psyche und Entwicklung des Kindes betrafen, sondern im weiteren Verlauf auch eine erhöhte Infektionsanfälligkeit und eine deutlich erhöhte Sterblichkeitsquote (vgl. ebd.: 290ff.). Dadurch, dass alleine bis zum Ende des zweiten Jahres mehr als ein Drittel der Kinder gestorben sind, bezeichnet er dies als eine „erschreckend hohe Sterblichkeit" (ebd.: 293).

Obwohl man meines Erachtens nach in vielen Situationen zuerst nur an sich denkt, ist man als Mensch gleichzeitig ein soziales Wesen, dass auf andere angewiesen ist und die Nähe anderer und deren Anerkennung als eine Form der „Ersatzliebe" sucht. Schon aus evolutionärer Sicht ist es für einen Menschen von großem Vorteil gewesen, Teil einer Gruppe zu sein, und so versucht er die Aufmerksamkeit der anderen zu erlangen, zum Beispiel um in der Hierarchie aufzusteigen oder ein unentbehrlicher Teil der Gruppe darzustellen.

Dies ist allerdings nicht nur als primitiv anzusehen, da das Zwischenmenschliche zwar auch von diesen Absichten geleitet wird, doch weit komplexer ist, da der Mensch sich durch die Liebe und durch seinen Verstand über diese einfachen Strukturen hinwegheben kann, was nicht immer einfach ist und auch nicht immer gelingt.

Nicht zu vergessen ist, dass die Liebe das Gefühl ist, das alles in der Welt schön werden lassen kann und die für das Glück, nach dem man in dieser Welt sucht, entscheidend ist. Dabei wird nach dem allgemeinen Gefühl, nicht nach dauerhaften, ekstatischen Zuständen gestrebt, die auch deshalb nicht erstrebenswert sind, da sie im Leben etwas Besonderes darstellen sollten und man diese unter anderem bei Wiederholungen durch einen Gewöhnungseffekt im Gehirn nicht mehr so stark wahrnehmen würde (vgl. Roth 2003: 298).

Obwohl man Glücks- und Liebesgefühle naturwissenschaftlich erklären kann und sagen könnte, dass jedwede Form von Liebe oder altruistischem Verhalten Teil der Evolution oder eine zufällige Folge derer sein könnte, ist es doch das stärkste und schönste Gefühl, dass ein Mensch empfinden kann. Das, was die Liebe erschafft, ist größer als alles Erklärbare, sie gibt dem Ganzen einen Sinn, und ist das Bedeutendste, was es jemals geben kann.

6. Das Leben ist eine Prüfung

Das Leben ist eine Prüfung, ob mit oder ohne Gott. Hier nehme ich eine These vorweg, die erst im zweiten Teil bei der Frage, ob es einen Gott gibt und welche Aufgabe er den Menschen auferlegen würde, aufgegriffen wird. Diese Thematik wird dementsprechend eigentlich erst an späterer Stelle behandelt, hat sich meiner Ansicht jedoch schon früh als ein zentraler Punkt des menschlichen Lebens herauskristallisiert.

Stark verkürzt geht es, vorausgesetzt, dass es einen Gott gibt, darum, dass man ihm und seiner Prüfung gerecht wird. Diese kann, wie später noch erläutert wird, nur darin bestehen, ein guter Mensch zu sein. Da man hierfür aber auch gebildet sein muss, um empathisch zu sein, vernünftige Entscheidungen zu treffen und um anderen helfen zu können, gehört die Bildung ebenfalls dazu. Der Grund für diese Annahme ist der im Menschen verankerte Drang nach Liebe und das Gewissen.

Auch ein in der Wissenschaft von Dean Hamer festgestelltes Gen namens VMAT2, das die vermutliche genetische Anlage des Menschen zum Spirituellen darstellen kann, könnte dazugezählt werden (vgl. Fiedler 2015). Eigentlich ist all dies, vom Gewissen über die Spiritualität, erklärbar, doch in der Summe lässt sich fragen, ob diese Umstände nicht auch gewollt und ein Zeichen für eine höhere Macht sein können, die uns die Möglichkeit geben, annähernd selbstbestimmt die Prüfung des Lebens zu bestehen.

Sollte es allerdings keinen Gott geben und alles Leben wäre somit nur dem Zufall entsprungen, könnte man annehmen, dass das Leben keine Prüfung ist – doch dies scheint nicht ganz richtig zu sein. Der Mensch sehnt sich danach, glücklich zu sein, hat Angst vor dem Tod und hat zudem ein inneres Gewissen. Man kann nur wirklich glücklich werden, wenn man versucht, ein guter Mensch zu sein und zu ergründen, was man im Leben erreichen möchte.

Handelt man gegen seine innere Moral, hat man kein reines Gewissen. Man kann versuchen, sich selbst zu belügen, doch wird dies nicht ganz gelingen, denn tief in uns lässt sich der Mensch nicht belügen und so lebt man nicht in einem Gleichgewicht. Ob dies ebenfalls nur eine Konsequenz der Evolution sein mag, damit der Mensch als soziales Wesen in einer sozialen Gruppe funktioniert, sei dahingestellt.

Kontrovers ist natürlich auch die Frage, ob es Menschen gibt, die durch ihre Handlungsweisen auf den ersten Blick weniger gut sind als andere. Ungeachtet des Lebensstils glauben sicherlich die meisten Menschen, dass ihr Handeln richtig ist, was ein zufällig passendes und sehr bekanntes Zitat aus der Bibel (bzw. dem Tanach) darstellt, und die Allgegenwart des als richtig empfunden eigenen Weges verdeutlicht. Und so steht in der Bibel: „Einen jeglichen dünkt sein Weg recht; aber der HERR wägt die Herzen" (Lutherbibel 1912: Spr. 21,2).[4]

Das eigene Verhalten wird und wurde offenbar schon seit jeher verteidigt und bedingt durch die eigene Wahrnehmung fühlt man sich im Recht, was sich als problematisch erweisen kann. Und auch wenn nicht jeder Mensch ein großes soziales Interesse oder spürbares Gewissen in sich tragen sollte, in der Regel ist dieses vorhanden.

---

[4] Vgl. hier den Tanach (Tanakh o.J.), aber auch die verschiedenen Bibelausgaben, die sich beispielsweise hinsichtlich der verwendeten Sprache bei den Sprüchen unterscheiden. Sehr geprägt hat mich hierbei vor allem die Einheitsübersetzung (vgl. Die Bibel 1980).

Es lässt sich zwar unterdrücken, doch der Weg zum wahren Glück scheint nicht wirklich möglich und macht sich oftmals durch Begleiterscheinungen wie ein dennoch vorhandenes schlechtes inneres Gewissen oder durch das Fehlen von wirklich engen sozialen Bindungen oder Empathieerfahrungen bemerkbar.

Trotz des in uns verankerten Egoismusses ist es möglich, ein guter Mensch zu sein, in dem man sein Leben lebt und man die Freiheit der anderen nicht einschränkt,[5] man versucht, ein guter Mensch zu sein, sich bildet, reflektiert, entwickelt und versucht, Fehler wieder gutzumachen und nicht erneut zu begehen.

Denn das Leben ist eine Prüfung, bei der es darauf ankommt, dass man je nach Situation und Lebenslage ein guter Mensch ist, der sich zudem soviel Wissen wie möglich aneignet und sich selbst reflektiert – ob mit Gott oder nur für das eigene Gewissen. Dabei sollte nicht vergessen werden, dass man als Mensch immer in Situationen gerät, in denen man dem eigenen Egoismus oder negativen Emotionen unterlegen ist oder anderweitig falsche Entscheidungen trifft und Menschen verletzt, egal wie sehr man sich auch bemühen mag.

---

[5] Frei nach Immanuel Kant und vielen anderen Philosophen, Dichtern und Politikern im Laufe der Geschichte, die diese Maxime des Zusammenlebens postuliert haben.

Denn das Leben ist zu kompliziert und es reicht oft eine Unachtsamkeit, eine andere Wahrnehmung oder ein Missverständnis für eine Verletzung des Anderen aus. So sollte man sich immer ehrlich prüfen, darf aber in einigen Dingen auch nicht zu streng mit sich sein.

Wer am Ende wie gut oder sogar besser als jemand anderes ist, diese Frage sollte in der Regel nicht gestellt werden. Es gibt unterschiedliche Charaktere und Prägungen, und ich denke, es gibt sicherlich unterschiedliche Wertungen – doch Gott prüft, wenn es ihn gibt, sehr wahrscheinlich wirklich die Herzen, und es bleibt die Pflicht jedes Einzelnen, immer sein Bestes zu geben. Und wenn es keinen Gott gibt, so ist es am Ende unsere eigene Seele, die man nicht gänzlich betrügen kann.

7. Jeder ist für sich selbst verantwortlich

Im Leben ist jeder für sich selbst verantwortlich, da jeder seine eigene Prüfung bestehen muss und nur selbst im Leben bestehen und glücklich werden kann. Verantwortung für sich zu übernehmen schließt natürlich ein, dass man sich um andere kümmert, wenn es nötig ist. Wann dies notwendig ist, sagt einem dabei für gewöhnlich das Herz. Was allerdings nicht gelingen kann, selbst wenn man dies gerne möchte, ist das Lösen aller Probleme für andere oder einen speziellen geliebten Menschen. Es gilt, dass man diese Unmöglichkeit einsieht.

8. Man muss die Balance finden

Da das Leben nie perfekt sein kann, immer chaotisch bleibt und es notwendig ist, seinen eigenen Weg zu finden, muss man, um zugleich glücklich zu sein und die Prüfung des Lebens zu bestehen, die Balance halten.

Auch im sonstigen Leben muss man immer aufpassen, dass man eine vernünftige Balance hält, um weder in Verhaltens- noch in Denkweisen in ein Extrem abzurutschen oder den Blick für das große Ganze zu verlieren.

9. Es geht darum glücklich zu werden - und dafür zu kämpfen

Bei der Frage, was im Leben wirklich wichtig ist, kann es nur eine Antwort geben: Glücklich sein. Ohne das Glücklichsein ist das Leben nicht viel wert. Wann ist man dabei eigentlich glücklich? Ich denke, man ist es dann, wenn man zufrieden ist, mit dem was man hat und mit sich im Reinen ist. Wenn man Dankbarkeit und Geduld in sich trägt, sein eigenes Leben im Hier und Jetzt führt, für sich Verantwortung übernimmt, und, wenn man die Prüfung des Lebens besteht. Am wichtigsten für das Glück ist die Liebe. Egal ob zur Familie, zu den Freunden oder zum Partner.

Jeder von uns hat schon einmal Liebe auf die eine oder andere Weise erfahren, jeder hat etwas, was er liebt oder sich wünscht. Auch wenn man es nicht immer spürt oder es Phasen gibt, die aussichtslos scheinen, haben wir alle, denn sonst wären wir gar nicht hier, Liebe und eine Form der Zuneigung und Aufmerksamkeit erfahren. Dass ist es, was das Schöne im Leben aus- und uns glücklich macht.

Wie Glück sich in einem wissenschaftlichen Kontext darstellt, wie man es erlangen kann und welche Bedingungen am günstigsten sind, dazu wurde schon viel geforscht und man hat in vielen Experimenten versucht herauszufinden, was Glück eigentlich ausmacht.

In der Grant Study, einer seit 1938 laufenden Langzeitstudie der Harvard Medical School versucht man anhand von 268 männlichen, erfolgreichen und vorwiegend gutsituierten Studenten, deren gesamtes Leben beobachtet wird, herauszufinden, wie Menschen mit ihrem Leben umgehen - und in diesem Zusammenhang auch, was Menschen glücklich macht. Die hier wichtigste Erkenntnis ist die, dass die soziale Bindung zu anderen Menschen das wichtigste für ein glückliches Leben ist, und dass es für ein zufriedenes und erfolgreiches Leben von Vorteil ist, einen angemessenen Umgang mit den Problemen und Krisen des Lebens zu finden (vgl. Vaillant et al. 2010).

Und auch umgekehrt kann man herausfinden, was Menschen sich am nachdrücklichsten für ihr Leben gewünscht hätten, indem man schaut, was sie kurz vor ihrem Tod am meisten bedauerten. Darüber schrieb die Palliativpflegerin Bronnie Ware (2013: 5f.) ein Buch, deren Quintessenz ist, dass man sein Leben so hätte leben sollen, wie man es gewollt hätte, dass man seiner Arbeit nicht so viel Priorität hätte zuschreiben sollen, dass man seine Gefühle mehr hätte ausleben sollen, dass man seine sozialen Kontakte hätte besser pflegen sollte und dass man sich mehr auf die Dinge hätte konzentrieren sollen, die einem Freude bereitet hätten.[6]

---

[6] In ihrem Buch, dass zum größten Teil ein biographischer Erlebnisbericht mit vielen persönlichen Anekdoten darstellt, bleiben am Ende dennoch die fünf großen Bedauernisse, die in der Kapitelübersicht als Wünsche formuliert sind als gesammelte und aufschlussreiche Erfahrung bestehen. Hierbei ist anzumerken, dass es sich aufgrund der Lage der zu Pflegenden generell um eher wohlhabendere Personen gehandelt haben dürfte.

Das Glück und die damit verbundenen positiven Emotionen sind auch deshalb so erstrebenswert, da sie gut für den Körper und die Gesundheit sind. Durch bestimmte Meditationsformen besteht sogar die Möglichkeit, dass man zufriedener mit sich und dem eigenen Leben wird, was sich dann auch in der Verbundenheit zu anderen Menschen niederschlagen und in der Folge zu einem vermehrt verspürten Glück führen kann, das sich in dieser Kombination wiederum durch messbare gesundheitliche Vorteile bemerkbar machen kann (vgl. Kok et al. 2013).

Natürlich kann selbst das Streben nach Glück seine Schattenseiten haben, zumindest dann, wenn man den Anspruch und die Wertigkeit an das Glück zu hoch ansetzt, da hier die hohen Erwartungen nicht erfüllt werden können und man gerade in den Situationen, in denen man eigentlich allen Grund zum Glücklichsein hätte, weniger glücklich und enttäuscht ist (vgl. Mauss et al. 2011).

Wie schon angemerkt soll bei der Formel jedoch kein genereller oder euphorischer Zustand des Glücks erzeugt werden, da dies sich zum einen wegen der nicht zu erfüllenden Erwartungshaltung kontraproduktiv auswirken würde und zum anderen ein Hochgefühl nichts Besonderes mehr wäre. Hier gibt es nicht nur die größte Chance auf sich wiederholende Erfolge und Glücksgefühle, sondern auch auf ein zufriedenes Leben, welches man nicht bereut und in dem man mit Problemen und anderen Hindernissen gut zurechtkommt.

Der Weg dorthin ist zwar mit vielen Erkenntnissen und Verbesserungen der Lebenssituation gepflastert, doch dauert dieser seine Zeit und es gilt, die nötige Balance zu wahren.

Auch die stete Bildung, die für die Prüfung des Lebens eine zentrale Rolle spielt, liefert bei der Suche nach dem Glück einen ergänzenden Grund in eigener Sache, da man herausgefunden hat, dass Menschen die einen höheren Intelligenzquotienten aufweisen im Schnitt glücklicher sind als Menschen, die einen niedrigeren Intelligenzquotienten aufweisen (vgl. Ali et al. 2012). Dieser unabhängig voneinander auftretende Zusammenhang geht auch mit einem höheren Einkommen und besserer Gesundheit einher, was natürlich mit den gegebenen vielseitigeren Möglichkeiten und Kompetenzen der gebildeteren Menschen zusammenhängt. Dies gilt genauso für die Freiheit über das Wissen und der Möglichkeit, sein eigenes Leben so in die Hand zu nehmen, wie man es möchte.

Man hat darüber hinaus festgestellt, dass das Wohlbefinden eines Menschen von einem emotionalen Aspekt und der eigenen Bewertung des Lebens abhängt, wobei letzteres durch Bildung und Gehalt gesteigert werden kann.

Während hier ein niedriges Einkommen in der Regel beide Wohlfühlaspekte negativ beeinflusst und als Verschärfer angesehen werden kann, kann man mit einem hohen Gehalt zwar die Lebensbewertung, nicht aber das Lebensglück erkaufen. Zwar steigt dieses ebenfalls mit einem steigenden Gehalt an, doch gibt es keine weitere Entwicklung ab 75.000 $ (vgl. Kahneman / Deaton 2010).

Wahrscheinlich gibt es bei einem höheren Einkommen sogar ausgleichende negative Effekte, die dafür sorgen, dass man dafür Dinge weniger wertschätzt, wobei reichere Menschen natürlich ebenfalls glücklich sind und es hier auch auf viele weitere Aspekte ankommt. Das, was jedoch für die emotionale Bewertung des Lebens entscheidend bleibt, sind liebende Menschen und die Vermeidung von Krankheiten und Leid (vgl. ebd.).

Geld gehört natürlich grundsätzlich zum Leben dazu und ist vor allem wichtig für die persönliche Freiheit, auch wenn das Geld an sich natürlich nicht automatisch glücklich machen kann. Anstatt einfach unüberlegt zu konsumieren, sollte man laut einer Studie bestimmte Prinzipien einhalten, um das größtmögliche Glück durch Geld erringen zu können (vgl. Dunn / Wilson / Wilson 2011).

Die wichtigsten Ergebnisse sind hier, dass man vor allem in Erfahrungen wie verschiedene Kurse, Ausflüge oder Reisen etc. investieren sollte, da man diese eher mit anderen verbringt und dies Menschen am glücklichsten macht, zumal man sich der Gegenwart hingibt und sich lange daran erinnert. Man sollte darüber hinaus darauf achten, anderen mit dem eigenen Geld zu helfen oder eine Freude zu machen, wobei man seine Rolle als Mitglied des sozialsten Wesens des Planeten erfüllen kann und sich auch selbst besser fühlt, da hier das Belohnungszentrum im Gehirn aktiviert wird und für andere ausgegebenes Geld eine große Auswirkung auf soziale Beziehungen hat.

Außerdem sollte man sich lieber viele kleine Dinge gönnen und nicht nur einige große Anschaffungen, da man sich generell an das Erworbene schnell gewöhnt, egal wie teuer es sein mag. Man sollte überdies lernen, die alltäglichen Dinge zu genießen, da die Personen, denen dies gelingt, eher glücklicher sind, was bei wohlhabenderen Menschen durch eine andere Erwartungshaltung häufig weniger der Fall ist.

Nicht zu vergessen ist, dass Anschaffungen mit Bezug auf die Preissegmente oder anderer Relationen nicht entsprechend mit mehr wahrgenommenen Glück verbunden sind und es weiterhin in verschiedenen Bereichen eher auf die Häufigkeit eines Erlebnisses ankommen kann (vgl. ebd.).

Ein Grund, vor allem im privaten Bereich darauf zu achten, sich vornehmlich mit anderen Menschen zu umgeben, die glücklich sind und diejenigen zu meiden, die beispielsweise dauerhaft pessimistisch sind, ist der, dass der Gemütszustand der Menschen im eigenen Umfeld einen Einfluss auf den eigenen hat (vgl. Fowler / Christakis 2008).

Natürlich sollte man nicht Menschen, die beispielsweise krank oder depressiv sind, im Stich lassen - im Gegenteil. Es sollte jedoch bedacht werden, dass man mit seinen Emotionen andere anstecken kann, und dass das Glück eines Menschen nicht nur von seiner Arbeit mit sich selbst abhängt (vgl. ebd.). So ist es auch für einen selbst von zentraler Bedeutung ist, sich möglichst viel mit positiven Menschen zu umgeben.

Interessant ist, dass es sich scheinbar so früh wie möglich lohnt, sich auf die Suche nach sich zu begeben, Selbstbewusstsein zu erlangen und sein Leben so zu leben wie man es möchte, da Personen, die sich in jungen Jahren ausleben, indem sie offener, kontaktfreudiger und emotional stabiler sind, dies auch im Alter eher sein werden (vgl. Gale et al. 2013). Natürlich kann man dies auch zu einem späteren Zeitpunkt im Leben tun, da sich dieser Schritt immer lohnt und Zeit relativ zu betrachten ist.

Schaut man sich mit ein wenig mehr Distanz zum zur eigenen Person generell die Länder der Welt an, in denen die Menschen am zufriedensten sind, fällt auf, dass dies vor allem wohlhabende, demokratische Nationen wie die skandinavischen Länder oder Neuseeland sind.

Lomas (2018b) stellt fest, dass dies vor allem auch daran liegt, dass diese Gesellschaften gleichberechtigter sind und der soziale Unterschied nicht so gewaltig ist wie beispielsweise in den ebenfalls wohlhabenden USA oder in Großbritannien. Hier sind die Gehaltsunterschiede zwischen den

Menschen größer und sie vertrauen sich nicht so stark. Durch die Sozialpolitik und durch den hohen Wohlstand in den zufriedensten Ländern werden die grundlegendsten Bedürfnisse wie Sicherheit und Ernährung gewährleistet, aber auch der daraufhin folgende wichtigste Faktor für eine zufriedene Gesellschaft, der Wunsch nach Gleichstellung, wird hier erfüllt (vgl. ebd.).

Zusammenfassend sollte man bei der Suche nach Glück auf sein Innerstes hören, um den eigenen, auf sich zugeschnittenen Lebensweg zu erforschen und zu beschreiten, auf seine sozialen Kontakte achten und für vorteilhafte Umstände sorgen, damit die größtmögliche Chance gegeben ist, sein Ziel zu erreichen. Das Streben nach diesem persönlichen Glück ist weder eine leichte noch eine schnell lösbare Aufgabe – aber sie lohnt sich. Eine persönliche Formel zu erstellen, die Welt für sich zu klären und zu versuchen, sich zu finden und sein eigenes Leben zu leben – das ist der Kampf, für den sich das Leben lohnt.

Fazit

Ich denke, die Welt lässt sich anhand dieser Grundregeln einfach erklären, auch wenn dies nur ein sehr kleiner Ausschnitt der Welt darstellt und die Grenzen der Klarheit bei diesem Spiel des Lebens, zwischen Sicherheit und Freiheit, Liebe und Egoismus, Kampf und Anerkennung ständig verschwimmen. Da die Gefahr besteht, dass man aufgrund der Undurchsichtigkeit der Welt diese

Regeln immer wieder vernachlässigt, sollte man die wichtigsten Grundlagen tief in seinem Denken verankern.

1.1.3 Gefahren der Gesellschaft durch problematische Verhaltensweisen

Für den Menschen ist die Herausbildung einer Gesellschaft, in der er leben kann, vorteilhaft und ermöglicht ein viel produktiveres und angenehmeres Leben. Doch birgt das Zusammenleben immer auch ein großes Konfliktpotenzial, da sich der Mensch aufgrund seines emotionalen Handelns immer ein Stück weit primitiv verhält.

Die starke emotionale Prägung des Menschen sowie der Wunsch nach Aufmerksamkeit in Kombination mit Erziehungsdefiziten oder ungelösten Problemen führen zu möglichen Verhaltensformen, die diese Gefahren zusätzlich verstärken. Daher ist es unbedingt notwendig, dass Bildung und Empathievermögen für ihn und in der jeweiligen Gesellschaft einen hohen Stellenwert besitzen.

Er muss ständig darauf bedacht sein, sein Verhalten zu reflektieren und sich zu entwickeln, da sonst immer das Risiko besteht, dass Emotionen, vermeintlich „einfache Lösungen" und der Wissenschaft entgegenstehende Attribute wie die Lüge und Heuchelei das Denken des Einzelnen sowie das gesellschaftliche Handeln dominieren.

Da allerdings auch hier der Mensch dazu neigt, sein Handeln größtenteils zu rechtfertigen, würde wahrscheinlich weder das eigene Verhalten noch das dahinterstehende Gedankengut als problematisch oder verfehlt wahrgenommen werden.

Die Fülle an weiteren zweifelhaften Verhaltensweisen, gruppendynamischen Prozessen sowie generellen strukturellen Problemen wie der Chancenungleichheit, die eine harmonische Gesellschaft gefährden können, ist nahezu unüberschaubar und es wird nie gelingen, diese Missstände in der Gesamtheit aufzulösen.

So sieht sich der Mensch beispielsweise häufig im Recht, übersieht schnell, wenn man bevorteilt ist und zeigt die Tendenz, auch dann Aufmerksamkeit oder sogar Mitleid zu genießen, wenn dies unverdient oder gar nicht nötig ist. Er ist außerdem ein Meister darin, sich konstruierte Rechtfertigungen zurechtzulegen. Neben einem zu selbstgerechten oder aggressiven Verhalten kann ein zu passives Verhalten dagegen ebenso dazu führen, dass man beispielsweise durch „Verweichlichung" oder Inkompetenzen im sozialen wie auch kognitivem Bereich früher oder später im Leben Schwierigkeiten bekommt.

Bewertungen anderer Menschen geschehen für gewöhnlich automatisch und sind häufig wie die Selbsteinschätzung trügerisch. Zu positive Bewertungen können dazu führen, dass man anderen kritiklos hinterherläuft oder in der Liebe nicht bedenkt, dass man auch selbst respektiert und geliebt werden muss, damit eine Beziehung funktionieren kann. Zu negative Bewertungen können dagegen zu Kontroversen und einem inkorrekten Verhalten anderen gegenüber führen, wenn man jemanden beispielsweise als faul beurteilt und in der Folge nachteilig behandelt.

Daher muss man immer die Gesamtsituation berücksichtigen, um keine voreiligen Schlüsse zu ziehen. Auch wenn man mit seiner Einschätzung zunächst richtig zu liegen scheint, ist es dennoch schwierig, eine gerechte Umgangsweise zu finden.

So kommt es an vielen Stellen im Leben dazu, dass Menschen sich aufgrund ihrer Entwicklung oder durch bestimmte Prägungen und Ereignissen zu leicht zu einem ruppigen oder unfairen Verhalten hinreißen lassen, doch eigentlich einen guten Kern zu haben scheinen. Die Frage ist hier, wann man vom Opfer zum Täter wird, wie man die konkrete Situation zu bewerten hat und wo die Grenze liegt, was man sich gefallen lassen sollte.

Am Ende bleibt das Leben immer unglaublich komplex, und es gilt, ein Verhalten zu etablieren, dass möglichst reflektiert ist, dass man versucht, gerecht zu sein, sich aber auch nicht alles gefallen lässt. Nicht zu vergessen ist, dass Streitigkeiten genauso zum Leben gehören wie Versöhnungen, und dass man ständig für sein Recht kämpfen muss.

Die Gesellschaft ist wie das Leben oft nicht fair. So bleibt man im Zusammenleben oft Konkurrent, ist dennoch voneinander abhängig und muss ständig kommunizieren und sich einigen. Oft und schnell wertet man sich selbst auf, während andere abgewertet werden. Zudem besteht die Gefahr der allgemeinen Oberflächlichkeit und es gibt häufig einen großen Kontrast zwischen Anspruch und Realität, was die Wahrnehmung des eigenen Verhaltens betrifft.

In diesem Dschungel aus möglichen Konflikten und ungünstigen Entscheidungen bleibt es schwierig, den Durchblick zu behalten und einen eigenen, angemessenen Weg zu finden. Dies gilt auch für die Gesellschaft, da sie ebenfalls nicht von dem Weg der Vernunft abkommen und sich nicht von unbedarften Gefühlen überwältigen lassen darf. Was bleibt ist eine Gesellschaft, die darauf bedacht sein muss, dass Menschen und ganze Gruppen nicht entwertet werden dürfen und gerade bei einem so hohen Maß der Ausdifferenzierung immer eine klare Übersicht behalten werden muss.

1.1.4 Weitere Komplikationen und Notwendigkeiten

Bedingt durch die Art und Weise, wie Menschen fühlen, denken und handeln ergeben sich einfache Grundregeln, wie die Dinge laufen und man sich verhalten sollte, um seine Ziele zu erreichen.

So bedingt die Konkurrenzsituation zwischen Menschen, dem grundlegend egoistischen Verhalten und dem meist stressigen oder komplizierten Leben, welches unter anderem von Geldsorgen und vielen anderen Problemen begleitet wird, dass man nicht jedem Menschen alles glauben sollte.

Man sollte andere Menschen und deren Haltungen hinterfragen und besonders schriftliche Dokumente wie Verträge genau prüfen, bevor man diese unterschreibt – auch dann, wenn man ein gutes Verhältnis zu der anderen Partei hat, da man diese Dinge niemals mit der persönlichen Ebene vermischen sollte.

Besonders durch das zum Teil extreme Verhalten in Stresssituationen, durch Existenzängste oder durch den permanenten Drang, Aufmerksamkeit zu erlangen, verschärfen sich zwischenmenschliche „Minenfelder".

Daher sollte man zusätzlich aufpassen, was Menschen erzählen, da einige beispielsweise durch die Selbstdarstellung oder die Weitergabe von vermeintlich brisanten Informationen oder

Geschichten unter anderem im Mittelpunkt stehen wollen und so zu einer Art Anerkennung gelangen möchten.

Anzumerken ist hier, dass viele Menschen mit Informationen von anderen Personen und damit zusammenhängenden Konsequenzen anders umgehen, als wenn es um die eigenen geht. Hiervon besonders betroffen ist die Bewertung der Mitmenschen im Allgemeinen. Diese fällt beispielsweise bei begangenen Fehlern und Problemen in der Regel weniger günstig aus als bei sich selbst und ist aus der Distanz viel leichter.

Neben diesen bekannten, allgemeinen Hinweisen zum gesellschaftlichen Leben gilt es grundsätzlich in Frage zu stellen, ob Sachverhalte logisch oder stimmig sind, und es ist notwendig, ein gesundes Bauchgefühl zu entwickeln. Wichtig ist, ein Gespür dafür zu bekommen, welches Motiv hinter den getätigten Aussagen steckt.

Die Welt und das menschliche Verhalten sind auch deshalb so undurchschaubar, weil der Mensch selbst oft die eigenen Motive Seines Handelns nicht mehr durchschauen kann. Daher ist es eine der wichtigsten Aufgaben im Leben, sich selbst zu finden, zu ergründen, was einem wirklich wichtig ist, was man erreichen möchte und wer einem wichtig ist.

Beispielhaft für dieses vermeintliche Wissen über die eigenen Bedürfnisse ist etwa eine Schauspielperson, die sich als hübsch empfindet und nach Anerkennung ächzt, und tatsächlich auch selbst glaubt, dass sie nur „irgendwie" in die

Schauspielbranche hineingerutscht sei und nicht, weil sie vom Typ her extrovertiert ist. Etwas komplexer ist es vielleicht, wenn ein Mensch allem Anschein nach keine Liebe mehr verspüren kann und glaubt, er sei nicht der Typ, der Liebe empfinden kann. Dies ist zwar denkbar, doch könnte es genauso gut so sein, dass er nur aus bestimmten Gründen Angst hat, verletzt zu werden und der eigene Körper sich durch eine solche Maßnahme unbewusst zu schützen versucht.

Festzuhalten ist, dass jedes Verhalten des Menschen seine Gründe hat, und oft sind dies welche, die mit der derzeitigen Situation an sich gar nicht mal etwas zu tun haben. Beispiele sind etwa Kinder, die Probleme von zu Hause in die Schule tragen und dort dann auffällig sind, oder eine Person, die scheinbar grundlos auf eine harmlose Phrase übertrieben aggressiv reagiert, da sie schon zuvor angespannt war oder mit dem Gesagten negative Erinnerungen verbindet.

Die Gründe sind hier also oft an anderen Stellen zu suchen, wobei letztendlich zwei Dinge nie zu vergessen sind: Dass das Verhalten zum einen auch durch den evolutionären Kampf des Lebens mit dem Ziel, sich durchzusetzen gesteuert wird. Und zum anderen, dass meiner Ansicht nach der Großteil des Handelns stark verkürzt im tiefsten Kern auf den beiden Gefühlen der Angst und der Liebe basieren.

Besonders schwierig wird es, wenn Menschen versuchen, durch Heuchelei zu ihrem Ziel zu gelangen, und ihnen dieses Benehmen nicht auffällt oder es gerechtfertigt wird. Nicht immer ist ein solches Verhalten perfide geplant, da sich viele Menschen gerne belügen, was noch ein weiterer Grund für ein stetiges Reflektieren und Prüfen des eigenen Lebens und Verhaltens darstellt.

Im Laufe des Lebens sammelt man viele Erfahrungen und es ist hilfreich, die elementaren Regeln des Lebens zu verinnerlichen, die zumindest auf die meisten Situationen im Alltag zutreffen. Diese wären zum Beispiel, dass es nichts wirklich umsonst gibt oder dass der vermeintlich „einfachere Weg" in der Regel nicht ohne negative Konsequenzen verbunden ist. Auch hier sollte man meines Erachtens nach immer zusehen, dass man versucht, solche Erkenntnisse in seine Sicht auf die Welt mit einzubinden.

Auch sonst ist es für ein erfolgreiches und glückliches Leben unabdingbar, sich zu bilden und zu schauen, wie man am besten lebt – dazu gehört, sich gesellschaftliche Gepflogenheiten anzueignen, Tipps und Hinweise zu Lebenssituationen zu kennen, zu lernen, die richtigen Entscheidungen zu treffen und alle Möglichkeiten sinnvoll abzuwägen.

Wenn man neben dem Wissen über die Welt und über gesellschaftliche Prozesse ein Gespür dafür entwickelt hat, was wichtig ist und wie man sich am besten informiert, dann ist man auch für den alltäglichen Wahnsinn der Gesellschaft gewappnet.

So muss man beispielsweise für die Ausübung eines Berufs nicht nur das nötige Fachwissen mitbringen, sondern auch „Social Skills", emotionale Stabilität und weitere, vor allem soziale Kompetenzen, die eine einigermaßen erfolgreiche Karriere erst ermöglichen.

Es gilt hier, taktisch zu handeln, nicht jedem zu vertrauen und sich immer abzusichern, auch wenn es so aussieht, als ob man bestimmte Aufgaben vernachlässigen oder Kollegen in der Arbeit wie den Menschen aus dem privaten Umfeld vertrauen könnte. In der Arbeitsstelle und in der Öffentlichkeit gelten andere Regeln, denn hier muss man sich immer auch präsentieren und wird nicht um seiner selbst willen geliebt – es bleibt immer auch eine Show.

Das Leben in der Gesellschaft selbst besteht letztendlich nicht nur aus den Zielen, die man erreichen möchte. Ein Großteil des Lebens besteht darin, Konflikte und unerwartete Aufgaben des Alltags zu bewältigen. Dabei begeht man Fehler oder trifft falsche Entscheidungen, doch dies gehört dazu. Wenn man sein Handeln reflektiert und daraus lernt, sich immer wieder ausprobiert, sich nicht unterkriegen lässt und kontinuierlich lernt, ist man auf einem guten Weg, im Leben und in der Gesellschaft Bestand zu haben.

→ *Der Mensch muss lernen, die komplexe Gesellschaft zu verstehen und in ihr zu bestehen: Er muss sich anpassen, sich gleichzeitig durchsetzen, eigene Entscheidungen treffen, sich dabei treu bleiben und einen eigenen Weg finden.*

1.1.5 Unterschiede zwischen Menschen und der Einfluss von Kultur und Religion

Der Mensch wird neben seiner Grundprogrammierung von verschiedenen Faktoren geprägt. Da diese vielseitig sind, in verschiedenen Konstellationen auftreten und jeder Mensch andere Situationen durchlebt, ergibt sich einerseits ein sehr unterschiedliches Bild, da jeder Mensch ein Individuum darstellt; mit eigener Vergangenheit und eigener Prägung.

Andererseits lassen sich Menschen durch ihre Verhaltensweisen und Reaktionen auf gegebene Rahmenbedingungen, wenn vielleicht auch nicht in einige wenige voneinander abzugrenzende Persönlichkeitstypen, meines Erachtens nach zumindest in bestimmte Kategorien einteilen, wie in entscheidenden Situationen aller Wahrscheinlichkeit nach gehandelt werden würde.

Grundsätzlich wird der Mensch von seinen ererbten Eigenschaften, den äußeren Umständen sowie seiner Sozialisation und Erziehung, seinen Kompetenzen und seinen Erlebnissen geprägt. Dabei gibt es natürlich auch Unterschiede zwischen sozialen Gruppen (z.B. durch die Mentalität verschiedener Kulturräume) oder Geschlechtern (z.B. durch Hormone), doch sind am Ende doch alle zumindest grundlegend gleich, da die Basis des menschlichen Denkens und Verhaltens gleich bleibt (Egoismus, Wunsch nach Anerkennung etc.).

Veränderbarkeit der Kultur

Während sich meiner Ansicht nach bestimmte Persönlichkeitsmerkmale nur bis zu einem gewissen Grad verändern lassen, sind kulturelle Prägungen und Erziehungsstile grundsätzlich veränderbar. Veränderungen in diesem Bereich stellen sogar einen obligatorischen Bestandteil der menschlichen Entwicklung dar.

Es muss klar sein, dass eine gute Erziehung des Einzelnen für diesen selbst und die gesamte Gesellschaftsentwicklung nicht zu unterschätzen ist, und dass hierzu alles Kulturelle, worunter auch die Religion fällt, immer wieder auf ihren Nutzen hin geprüft werden muss. Denn die Kultur als das vom Menschen Entwickelte muss sich mit diesem hin zu einer besseren, empathischeren und gebildeteren Kultur entwickeln, in der diese den Menschen nutzt und sie nicht von ihr eingeschränkt werden.

Die große Gefahr, die von kulturellen und entwicklungstechnischen Missständen wie von einem Bildungs- und Erziehungsmangel, von Armut und Perspektivlosigkeit, vor allem aber von Gewalt und Misshandlungen ausgeht, kann deshalb nicht überbewertet werden, da die negativen Konsequenzen am Ende nicht nur die Geschädigten treffen, sondern weitere Unschuldige, die durch eine Verrohung der anfänglichen Opfer wie in einen Strudel der Gewalt mit hineingezogen werden.

Dass man der theoretisch möglichen gesellschaftlichen Entwicklung immer hinterherhinkt,
lastet seit jeher auf der Menschheit. Und selbst
wenn es eine ideale Welt gäbe, in der versucht werden würde, jeden Einzelnen so gut es möglich wäre
vollkommen zu erziehen und zu fördern, so
müsste der Einzelne unabhängig von seiner gegenwärtigen Lage dennoch zu einem großen Teil
selbst dafür Sorge tragen, sich weitergehend zu bilden, sich selbst zu motivieren und damit seinen
Beitrag zur Entwicklung der Gesellschaft beizutra-
gen.

Gesellschaftliche Konflikte durch kulturelle Konventionen und die Rolle der Religion

Viele Schwierigkeiten zwischen Menschen
wurden schon immer überhaupt erst durch kulturelle Vorstellungen hervorgerufen. Diese An-
schauungen, die über die persönliche Entwicklung
eines Menschen gestellt werden, lassen sich zwar
erklären, ergeben nur leider oftmals wenig Sinn
oder werden vor allem nach sehr langer Zeit von
den eigenen Anhängern einer Kultur missverstan-
den.

Statt sie zu einem gebildeteren und glückliche-
ren Menschen zu machen, oder zumindest eine
Hilfestellung auf diesem Weg zu sein, bewirken
diese Vorstellungen oft genau das Gegenteil, grenzen die Menschen in ihrer Entwicklung, ihrer Freiheit, in der Suche nach der wahren Liebe und ihrem Weg zum Glück ein oder verhindern es ganz.

Die zusätzliche negative Folge ist, dass man durch diese ungünstige Lebenssituation nicht die Kraft zur Verbesserung der Welt hat, sondern eventuell sogar latent aggressiv und unzufrieden wird, einem so Erkenntnisse über das Leben und sich verborgen bleiben, und dass man in der Gesamtheit hinter seinen Möglichkeiten zurückbleibt.

Dies geschieht beispielsweise dann, wenn man an aufgrund kultureller Vorstellungen an einem für einen selbst glücklichen Lebensstil gehindert wird, der andere nicht einschränken würde (z.B. freie Partnerwahl und Lebensstil, Homosexualität oder Ergreifung eines selbstgewählten Berufs).

Daher muss man für sich selbst jede kulturelle Vorstellung auf das eigene Leben hin genau prüfen, und wenn nötig abwandeln oder ganz abschaffen – Oftmals sind es nämlich die Menschen, die sich nicht wirklich für einen interessieren und keine enge Beziehung zu einem haben, die von einer, im Grunde genommen fremden Person, unnötige Dinge aufgrund veralteter Bräuche abverlangen, die das eigene Leben nur einengen würden.

Die Forderungen dieser Menschen erfüllen dabei nicht einmal den Anspruch, etwas Sinnvolles zu tun; nichts, was das eigene Leben oder das anderer Menschen besser machen würde, und darüber hinaus rein gar nichts, was einem helfen würde, glücklich zu werden.

Kulturelle Riten und Religionen haben allerdings nicht nur Nachteile, und sind neben einer ordnenden Funktion auch deshalb wichtig, weil sie dem Mensch Hoffnung geben, ein spirituelles

Gefühl vermitteln und eine Verbindung zur eigenen Kultur und vergangenen Generationen darstellen können. Doch Dinge wie Liebe und Moral, Vernunft und Wissenschaft gab und gibt es auch ohne Religion. Der Glauben an einen Gott ist nicht an eine Religion gebunden, sondern an unsere Art und Weise zu fühlen.

Eine Gottheit könnte zudem aufgrund seiner Allmacht und unendlichen Weisheit niemals Ausdruck von Kleingeistigkeit, Aggression oder persönlicher Kränkung des emotional denkenden und komplexbehafteten Menschen sein – dies würde einem alles erhabenen Gott nicht würdig und gerecht werden. So würde es nur einem Menschen einfallen, unter dem Vorwand des Willens eines Gottes Bestätigung und Anerkennung zu suchen; dabei gilt in den meisten Religionen, dass es das Wichtigste sei, ein guter und weiser Mensch zu sein.

Wenn man bedenkt, dass in unserem Kulturkreis viele Entwicklungen gerade bezüglich der Moral wiederholt gegen den Widerstand der Obrigkeiten und der Kirche erkämpft werden mussten und es immer noch viele Aspekte gibt, die als problematisch angesehen werden können, bleibt es wichtig, bestimmte Ansichten zu überdenken.

Dies hat im gesellschaftlichen Diskurs der letzten Jahrzehnte auch zunehmend stattgefunden, wobei immer auch ein Auge auf die Relationen und die Sinnhaftigkeit geworfen werden muss.

So wie die Welt und die Natur von einem un-
aufhörlichen Wandel geprägt sind, passt sich auch
der Mensch unumgänglich an immer neue Lebensbedingungen an.

Würde zwischen der Neuerung und Bewahrung von Traditionen und Riten eine vernünftige
Balance unter Einbezug der Erkenntnisse über die
Menschen und diese selbst an vorderster Stelle stehen, dann wäre schon eine Menge geschafft. Das
Gute, das Wesentliche und das, was dem Menschen dient, darf bleiben – Das, was zerstört, sollte
verbannt, und dass, was harmlos ist, sollte zum
freiwilligen Dienst werden.

→ *Jeder Mensch wird durch eine Vielzahl von Faktoren
geprägt und hat eine bestimmte Persönlichkeit. Es gilt, sich
selbst zu erforschen und Strategien zu finden, sich immerfort
zu entwickeln*

→ *Traditionen und Riten, die gesamte Kultur und ihre
wohl höchste Form, die Religion, sind ungemein wichtig. Bedingt durch den Wandel der Zeit müssen aber auch diese
Bestandteile des Lebens immer wieder neu geprüft und an-
gepasst werden. Dabei sollte niemals außer Acht gelassen
werden, dass der Mensch im Vordergrund stehen sollte.*

1.2 Gott und die Menschheit

Gibt es einen Gott und welche Aufgabe haben Menschen in ihrem Leben zu bewältigen?

1.2.1 Einleitung

Bei der Frage nach einem Gott wird im Folgenden, da diese Frage natürlich nicht direkt beantwortet werden kann, grundsätzlich von beiden Möglichkeiten ausgegangen.

Gott allgemein zu beweisen würde sich schon deshalb als unmöglich erweisen, da der Mensch als das Produkt eines allmächtigen Gottes nicht in der Lage sein könnte ihn gegen seinen Willen zu entdecken. Von der Funktionsweise des Gehirns kann sich der Mensch ebenfalls nicht trennen, sodass unser Denken ohnehin an Grenzen gebunden ist.

Der Mensch hat jedoch eine Anlage zum Spirituellen und hat sich schon immer in der jeweiligen Kultur mit Religion beschäftigt (vgl. Fiedler 2015).

Interessant könnte die Hypothese sein, ob diese Umstände schon als Zeichen für einen Gott zu verstehen sein könnten. Entschiedene Atheisten würden wohl sofort erwidern, dass ein Gottesglaube nur der Erklärung für unbekannte Vorgänge in der Welt sei und sich als Stellvertreter für nicht bekanntes Wissen bewährt habe.

Problematisch an dieser Haltung ist jedoch, dass die Frage nach einem Gott weder von dessen Befürwortern noch von der Gegenseite endgültig wissenschaftlich bewiesen werden könnte.

1.2.2 Das Verhältnis zwischen Wissenschaft und Gott

In der Wissenschaft wird versucht, Wissen zu sammeln und zu erweitern. Da die Hypothese der Existenz eines Gottes wie beschrieben nicht gegen seinen Willen überprüft werden könnte, heißt das nicht, dass sie automatisch falsch ist. Von Bedeutung ist hier, dass sie theoretisch möglich ist, und dass sie widerspruchsfrei in das bestehende Weltwissen passt.

Im Folgenden wird versucht zu ergründen, welche Wahrscheinlichkeiten für oder gegen eine Existenz Gottes sprechen. Da es gilt, dass wahrscheinlichere Szenario zu bevorzugen, bis neue Erkenntnisse vorliegen, sollten beide möglichen Theorien ins Auge gefasst werden und gegeneinander abgewogen werden.

Für die Behandlung der Gottesfrage spricht besonders, dass sie eine der ältesten Fragestellungen der Menschheit darstellt und einen großen Platz im menschlichen Dasein einnimmt. Die Frage nach einem Gott verdient außerdem eine privilegierte Beachtung und ist nicht mit anderen übernatürlichen Vorstellungen oder möglichen Hypothesen, die ebenfalls nicht bewiesen werden können, gleichzusetzen. Denn an dieser Stelle geht es neben der fundamentalen Grundfrage der Menschheit auch um deren Sinn. Weiterführende religiöse Vorstellungen werden hier außer Acht gelassen, da es zunächst darum geht, ob ein Gott überhaupt wahrscheinlich ist.

Die Komplexität der Fragestellung macht sich auch daran fest, dass sich eine Gottheit und die Evolutionstheorie nicht gegenseitig ausschließen. So könnte Gott eine Welt erschaffen haben, in der das Universum immer wieder entsteht und zusammenfällt, sodass selbst die Erklärung für die Entstehung des Universums kein Beweis der Nichtexistenz Gottes wäre. Natürlich wäre auch der umgekehrte Fall denkbar, in der es keinen Gott gibt und die Frage, welche Aufgabe der Mensch von Gott bekommen hat, unbeantwortet bleibt.

Die Vorstellung, dass Religion und Wissenschaft zwei gänzlich unterschiedliche Dinge seien, die unvereinbar in einem Konflikt miteinander stünden, ist in der Gesellschaft weit verbreitet. Dieser vermeintliche Konflikt gilt historisch jedoch als stark verkürzt und kann als konstruiert bezeichnet werden, da die tatsächliche, diffizile Realität so, gerade auch mit Bezug auf die Vergangenheit nicht richtig abgebildet wird (vgl. Harrison 2016).

In diesem Zusammenhang wird sich dazu vornehmlich auf neuere, versteifte Weltbilder und Ideologien bezogen, während die Definition von Religion und Glauben sowie die Verbindung von Religion und Wissenschaft vielschichtiger ist, als dass man hier zwischen zwei Lagern wählen müsste. Gerade in früheren Zeiten waren zudem auch führende Gelehrte und Wissenschaftler wie Galileo Galilei und Isaac Newton gläubig (vgl. ebd.).

Auch gegenwärtig gibt es bedeutende Wissenschaftler wie den Direktor des US-amerikanischen National Institutes of Health (NIH), Francis Collins, der einer der bekanntesten Wissenschaftler dieser Zeit ist und sich als bekennend Gläubiger aktiv für die Vereinbarkeit von Wissenschaft und Glauben einsetzt (vgl. Brainard 2020).

Wissenschaftler, die den Standpunkt vertreten, dass sich die Naturwissenschaften und die Theologie immer weiter annähern würden, während andere dies für ausgeschlossen hielten und der Auffassung sind, dass sich beide Bereiche nicht in die Quere kommen sollten, gab es wohl schon immer und so wurde diese Begebenheit auch schon vor 20 Jahren diskutiert (vgl. Vaas 2000).

Bezüglich des Glaubens von Wissenschaftlern befragte Elaine Howard Ecklund 1700 Natur- und Sozialwissenschaftler in den USA und bekam ebenfalls ein sehr differenziertes Bild. Das Ergebnis war unter anderem, dass sich fast die Hälfte der Befragten mit einer Religion identifizieren konnten, dass der Anteil der in einer Kirche Aktiven 20% betrug, dass fast ein Drittel (30%) der Befragten atheistisch war, aber auch, dass 20% der nicht religiösen Wissenschaftler sich als spirituell bezeichneten (vgl. Lane 2010).

Natürlich prägt hier der im jeweiligen Land verbreitete Glauben auch die Menschen. Dabei sind diejenigen mit vermehrter Bildung, zumindest trifft dies auf Europa zu, in der Regel kritischer (vgl. Vaas 2000).

Doch hat auch die Enge der Fragen bei solchen Studien einen erheblichen Einfluss auf das Ergebnis, da es einen Unterschied macht, ob man an einen persönlichen oder an eine Konfession gebundenen Gott glaubt, oder generell an ein höheres Wesen.

Während der prominente Physiker Stephen Hawking bekennender Atheist ist, bezeichnen sich international gesehen in verschiedenen Ländern wie der Türkei oder in Italien mehr als 50% der Wissenschaftler als religiös. In Hongkong liegt der Anteil der Atheisten unter den Wissenschaftlern bei unter einem Drittel, während dieser in der allgemeinen Bevölkerung ungefähr doppelt so hoch ist (26% zu 55%).

Einen Konflikt zwischen Religion und Wissenschaft sehen beispielsweise in den USA oder in Großbritannien nur knapp unter einem Drittel der befragten Wissenschaftler als gegeben (vgl. McCaig 2018).

Der theoretische Physiker Marcelo Gleiser bezeichnet den Atheismus sogar als Widerspruch zu der Methode der Wissenschaftlichkeit, da man ohne Beweise eine Möglichkeit kategorisch ausschließt (vgl. Billings 2019).

Gott nachzuweisen wird wohl nie gänzlich möglich sein, doch beschäftigen sich einige Wissenschaftler auch mit sogenannten Gottesbeweisen, die sich auf eine logische Argumentationskette in einem System von zuvor getroffenen Annahmen stützen.

Der vom Mathematiker und Philosophen Kurt Gödel formulierte ontologische Gottesbeweis, der auf wenigen grundlegenden Annahmen beruht, konnte vor einiger Zeit mithilfe von Computerprogrammen auf die Freiheit von Widersprüchen der getroffenen Axiome belegt werden. Mit diesen Theorembeweisern kann man jedoch nur überprüfen, dass seine Argumentationskette in sich logisch ist, und nicht, dass Gott existiert (vgl. Freie Universität Berlin 2013).

Bei der grundlegenden Problematik bezüglich der Existenz eines Gottes kommen schnell viele weitere Fragen auf, zum Beispiel wie viele Götter existieren könnten. Der Einfachheit halber, und da wir Gott uns darüber hinaus unserer Natur gemäß eher mit menschlichen Attributen versehen vorstellen, wäre es meiner Ansicht nach sinnvoll, ihn uns zunächst als „den einen Gott" vorzustellen. So wird im Folgenden in aller Regel von „Gott", zeitweise aber auch etwas allgemeiner von „einem höheren Wesen" gesprochen, ungeachtet der Tatsache, dass die Anzahl oder die Form der Existenz nicht entscheidend zu sein scheinen.

Die Antworten auf die Fragen, ob Gott gut oder böse ist, wenn dies überhaupt in seinem Sinne wäre, werden in den folgenden Beiträgen ebenfalls untersucht. Auch das Wesen Gottes und der möglichen auferlegten Aufgabe an den Menschen werden in diesem Zusammenhang erörtert.

1.2.3 Der menschliche Glaube

Bei der Gottesfrage geht es nicht nur um die Existenz eines Gottes, sondern auch um den menschlichen Glauben, da dieser theoretisch unabhängig von einer Gottheit zu sein scheint. So würde es Gott mit und ohne den Glauben geben, und der Mensch könnte auch ohne einen Gott zahlreiche Religionsformen entstehen lassen.

Theoretisch unabhängig ist er deshalb, weil auch hier wieder die Möglichkeit besteht, dass durch die Allmacht Gottes nicht ganz sicher zu sagen ist, ob der Glaube an einen Gott nicht durch diesen selbst gewollt ist.

Ich halte den Glauben zunächst für ein anthropologisches Grundbedürfnis, da der Mensch nicht mit dem Bewusstsein der Tatsache zurechtkommt, dass er eines Tages sterben wird. Außerdem glaubt er durch die Fähigkeit des Denkens automatisch implizit an eine höhere Macht, da er sich viele Prozesse nicht erklären kann, die auch seine eigene Wahrnehmung betreffen. Der Drang zur Erklärung all dieser Prozesse sowie nach Sicherheit führt somit unterbewusst zu einem Glauben an das Übernatürliche.

Es zeigt sich in unserer Gesellschaft, dass die Ablehnung von Religion oftmals zu einer Schaffung von zahlreichen „Ersatzreligionen" führt, die vermutlich auch dem impliziten Glauben an eine höhere Macht sowie dem Wunsch nach Sicherheit geschuldet ist.

Der Glaube ist generell etwas sehr kraftvolles und mit großen Emotionen verbunden, sodass er ungeachtet des Vorhandenseins eines Gottes etwas unglaublich Gewaltiges und Beeindruckendes darstellt. Die spirituelle Kraft des Glaubens birgt viele Möglichkeiten, aber auch Gefahren – denn neben vielen positiven Aspekten besteht auch die Möglichkeit, Menschen für niedere Beweggründe zu instrumentalisieren.

1.2.4 Gründe, die für einen Gott sprechen können

Es gibt viele Gründe, die bei der Frage nach Gott für die jeweilige Ansicht herangezogen werden. Zum Beispiel, warum es so viel Leid auf der Welt gibt, wenn Gott doch existiere und gut sei. Wenn es dagegen keinen Gott gäbe, scheint der Mensch auch keine gesonderte Aufgabe im Leben zu haben - das Leben und das ganze Universum würden nichts weiter als Zufallsprodukte darstellen.

Trotzdem versucht der Mensch glücklich zu sein, liebt und hat ein inneres Gewissen. Je nach Anschauung wird auch unterschiedlich mit denselben Begebenheiten umgegangen. In jedem Fall gibt es verschiedene Beweggründe, die eine Diskussion um einen Gott interessant und wichtig erscheinen lassen.

Die Gesamtheit der Lebensbedingungen

Wie das Leben entstanden ist, bleibt bis heute ungeklärt. Man nimmt allerdings zum gegenwärtigen Zeitpunkt an, dass sich Leben beispielsweise zuerst in der Tiefsee gebildet haben oder durch Kometen auf die Erde gelangt sein könnte (vgl. Ootsubo et al. 2019; Preiner et al. 2020).

Daneben gibt es einige Wissenschaftler wie den bekannten Astronomen und Mathematiker Sir Frederick Hoyle (1981: 34), der allein die Wahrscheinlichkeit der zufälligen Bildung der Enzyme mit einer Wahrscheinlichkeit von 1:10 hoch 40.000 berechnet hat. Angesichts dieser nicht greifbaren Zahl ist für ihn die Bildung von Leben auf der Erde unter allen Umständen ausgeschlossen (vgl. ebd.: 34f.).

Der 2001 verstorbene, gläubige Wissenschaftler Sir Frederick Hoyle war nicht nur ein herausragender Experte auf seinem Gebiet, sondern wurde aufgrund diverser Ansichten und Arbeiten durchaus kontrovers wahrgenommen, da er unter anderem in einigen Bereichen gängigen Lehrmeinungen bewusst entgegentrat. Seine Haltung zeigt ungeachtet dessen, dass sich nicht nur viele Menschen, sondern auch Wissenschaftler in Glaubensfragen nicht immer einig sind.

Selbst wenn man mit einem dieser durch polarisierende Thesen auch in der Öffentlichkeit bekannter gewordenen Wissenschaftler wie dem ebenfalls gläubigen John Lennox in grundlegenden Religionsfragen nicht einer Meinung sein muss, so sind die von ihm angeführten Bedingungen im Universum und auf der Erde, die mit einer ungeheuren Präzision aufeinander abgestimmt zu sein scheinen, absolut erstaunlich.

In seiner Arbeit bezieht sich Lennox (2017: 98ff.) auch auf weitere namhafte Wissenschaftler, die viele der bestehenden, nicht als selbstverständlich zu begreifenden Verhältnisse wie beispielsweise dem des Kräfteverhältnisses von Expansion und Gravitation im Universum untersucht haben.

Bei diesen wurde festgestellt, dass oftmals bereits unbegreiflich geringe Änderungswerte jegliches Leben und auch das Universum selbst, so wie es heute existiert, nicht möglich machen würden.

Auch die speziellen Bedingungen auf der Erde scheinen gerade wie für die Existenz von Leben gemacht worden zu sein. Würde man eine dieser vielen Konstanten nur geringfügig verändern, wäre dieses auf diesem Planeten wohl nicht denkbar. Genannte Faktoren hierfür sind unter anderem der Abstand der Erde zur Sonne und die vorherrschende Temperatur, die Atmosphäre in der vorliegenden Form und die Rotationsgeschwindigkeit der Erde (vgl. ebd.: 101).

Diese Bedingungen liefern natürlich keinen Beweis für einen Gott, zeigen aber auf, dass die Gesamtheit der Bedingungen auf der Erde nicht als gänzlich bedenkenlos hinzunehmen sind.

Doch aufgrund der nicht zu lösenden, aber für Menschen immer wieder aufkommenden Frage nach einem höheren Wesen gilt, dass es in keine der beiden Richtungen einen eindeutigen Beweis geben kann und beide Optionen, natürlich unabhängig einer gängigen Religion, möglich sind.

Abseits von umstrittenen Positionen, die gerade dadurch die Aufmerksamkeit eines breiteren Publikums auf sich ziehen, wird dieses Thema durch die gegebenen Bedingungen kaum in Angriff genommen – denn zusammenfassend bleibt es jedem selbst überlassen, ob er gläubig ist. Empirische Belege wird es in diesem Bereich wohl nie wirklich geben können.

Nur dass sich ein Gott und die Evolution nicht gegenseitig ausschließen müssen, sollte im Hinterkopf behalten werden - und so leugnete auch Charles Darwin nie die Existenz eines Gottes und sah sich als Agnostiker (vgl. Darwin Correspondence Project o. J.). Über seinen Glauben schrieb Darwin:

> I cannot pretend to throw the least light on such abstruse problems. The mystery of the beginning of all things is insoluble by us; and I for one must be content to remain an Agnostic. (Wyhe 2002)

Die innere Moral und der Altruismus, die Liebe und die Seele

Seit verschiedenen Experimenten zu moralischen Dilemmata ist klar, dass der Mensch auch ohne den Kontakt zu einer Religion eine moralische Entscheidung trifft. Viel zitiert sind hier die verschiedenen Dilemmata, die unter anderem von Marc Hauser konstruiert wurden und in denen er zeigen konnte, dass sich Menschen unabhängig von Geschlecht, Alter, Bildung, Nationalität oder Religion für dieselben Strategien entscheiden, wenn es beispielsweise darum geht, entweder eine oder mehrere Personen vor einem ankommenden Zug per Weichenstellung zu retten. Denn mit ca. 90% entscheidet sich der Mensch mehrheitlich dazu, die Gruppe von mehreren Personen zu retten (vgl. Hauser 2009: 333).

Nur eine kleine Minderheit von 10% würde es dagegen in einer ersten Überlegung als gerechtfertigt sehen, eine unschuldige Person direkt zu opfern, um eine Gruppe von Menschen zu retten, was zeigt, dass der Mensch schon eine Art Moral in sich trägt (vgl. ebd.).

Auch eine Art des Altruismus scheint dazuzugehören, sodass Menschen innerhalb einer Gemeinschaft ihren Egoismus überwinden und Dinge für andere tun, ohne einen vermeintlichen Mehrwert davon zu haben. Zwar kann man vermuten, dass sich der Mensch unterbewusst immer einen zukünftigen Vorteil seines Handelns erhoffen würde, und wie schon gezeigt werden konnte, haben Menschen durch soziales Verhalten tatsächlich Vorteile, die sich unter anderem durch eine größere Zufriedenheit oder durch eine verbesserte Gesundheit äußern können.

Somit könnte ein partiell altruistisches Verhalten dem Menschen als genetische Komponente mitgegeben worden sein, da sich dieses in der Tierwelt als evolutionsbedingte Überlebensstrategie bewährt hat, zum Beispiel durch die Stärkung oder Bewahrung der Gemeinschaft. Es könnte aber auch sein, dass der Mensch unterbewusst dem Drang nach Anerkennung folgt und deshalb sogar ein für sich nachteiliges Verhalten an den Tag legt, um anderen zu helfen und so Aufmerksamkeit zu erlangen.

Vielleicht entspringt Uneigennützigkeit aber in einigen Situationen einfach nur aus Liebe, die man in diesem Zug entweder als ein mit Nachteilen versehenes, insgesamt allerdings vorteilhaftes Gefühl ansehen kann, oder als das, was sie auch sein kann: Das größte der Gefühle, das unabhängig von allen Erklärungen existiert und zugleich das bewundernswerteste darstellt, was die Natur im Universum je hervorgebracht hat.

Selbstlosigkeit der Liebe Willen bedeutet nicht nur stark emotionales Fühlen und Handeln, es ist gleichzeitig wie die Liebe selbst, ein elementarer Schlüssel zum Glück.

Auch soziale Bindungen und die Interaktion mit anderen Menschen haben mit Liebe zu tun und sind für Menschen von Natur aus wichtig. Soziales Engagement im Alter wirkt sich beispielsweise zudem positiv durch eine im Durchschnitt höhere Lebenszeit aus, wenn man anderen hilft, auf andere aufpasst oder sich um sie kümmert.

Der Grund für die festgestellte geringere Sterblichkeit liegt zum Beispiel daran, dass die Pflege von anderen Menschen einen Einfluss auf das neurologische und hormonelle System im Körper hat und sich somit positiv auf die allgemeine Gesundheit auswirken kann, solange der Grad der Pflege nicht gleichbedeutend mit einem stressgeplagten Alltag ist (vgl. Hilbrand et al. 2016).

Mit Bezug auf eine klassische Partnerschaft ist das Finden der Liebe und des scheinbar Richtigen für viele das, was man sich im Leben wünscht. Die Beziehung stellt sich zumeist dennoch nie ganz einfach dar, da jeder unterschiedliche Ansprüche an diese mitbringt und andere Vorstellungen hat. Heute weiß man zudem, dass man sich dem Verlangen sich fortzupflanzen zwar widersetzen, aber nie ganz entziehen kann und er den Menschen beeinflusst. Dies gilt auch dann, wenn man glücklich liiert ist.

Ob die Monogamie die einzig mögliche Form einer glücklichen Partnerschaft ist, bleibt fraglich, das gemeinsame Altwerden hält aber gewiss viele Vorteile bereit und kommt auch im Tierreich, wenn auch selten, vor (vgl. Gefter 2009).

Es kommt hier natürlich auf den jeweiligen Menschen an und einfach bleibt eine Beziehung auf Dauer nie wirklich, doch gibt es für viele Menschen kaum etwas Schöneres, als wenn man sich im Alter gegenseitig hilft oder wenn man seine Familie aufwachsen sehen kann (vgl. ebd.).

Das Verlieben selbst kann wie die innerfamiliäre bedingungslose Liebe durch die verschiedenen Prozesse im Gehirn erklärt werden und zeigt, dass man den romantischen, übernatürlichen Vorgang der verschiedenen Formen der Liebe wissenschaftlich analysieren kann (vgl. Syracuse University 2010).

In unserer Gefühlswelt spielt das Gehirn die zentrale Rolle, was durch die Möglichkeit der Untersuchung allerdings nicht weniger Konfliktpotential mit sich bringt. Denn selbst wenn man dieses steuern könnte, würde das, was die verschiedenen Formen der Liebe so besonders macht, verloren gehen.

Weil Liebe generell oft nicht nur mit Vorteilen verbunden ist, sondern oftmals auch destruktive oder allgemein negative Folgen haben kann, viel Energie benötigt und immer auch mit Erlebnissen seelischen Schmerzes verbunden ist, geben sich Menschen der Familie und der Liebe an sich nicht nur aus nützlichen Gründen, sondern vor allem ihrer selbst willen hin.

Auch das Konzept der Seele kann nicht ganz geklärt und nur grob definiert werden. So ist sie im Duden (2019: 1615) als „Gesamtheit dessen, was das Fühlen, Empfinden, Denken eines Menschen ausmacht; Psyche" beschrieben. Da die Seele jedoch bei der Annahme der Existenz eines Gottes auch etwas Göttliches in sich trüge, könnte man diese nicht konkret beschreiben, sondern allenfalls neurologische Zusammenhänge erklären, um den mit der Definition verbundenen Vorstellungen einer Seele einen weltlichen Rahmen zu bilden.

Doch wie bei der Liebe, dem Denken und dem Leben selbst wäre dies nur eine Projektion des göttlichen in diese, für uns wahrnehmbare Welt. In dieser kann man zwar Liebe zerstören, die Psyche und die kognitiven Fähigkeiten schädigen oder einem das Leben nehmen, doch wäre dies weder ein Beweis für die Nichtexistenz eines Gottes oder die zu bestehende Prüfung im Leben.

Wie die Liebe, so ist auch das Denken als Teil der Seele grundsätzlich von zwei Seiten zu sehen. Während die Liebe nicht nur uneigennützig scheint und das menschliche Denken nie ganz objektiv sein kann, stellen diese beiden Aspekte des

Lebens doch das Größte und bedeutendste dar, was auf der Welt existiert. Die Ambivalenz des Denkens zeigt sich dadurch, dass der Mensch durch seinen Verstand so vieles erreichen und dabei helfen kann, ein besserer Mensch zu sein, sich zu entwickeln und sich selbst zu reflektieren, während er andererseits zugleich die Quelle von Grausamkeit und Zerstörung sein kann.

Auch die Liebe hat zwei Seiten. Sie ist einerseits die wahre Zuneigung zu einer anderen Person und das schönste Gefühl, andererseits aber auch die Quelle egoistischen Verhaltens durch den Drang nach Anerkennung („Ersatzliebe") und dem Wunsch, selbst geliebt zu werden.

Am Ende scheinen alle Argumente theoretisch erklärbar zu sein, und stehen gleichwohl auf wackeligen Beinen. In der Gesamtheit der Aspekte zeigt sich ein Bild, das beide Theorien noch erdenklicher macht – denn das Leben auf der Erde muss doch nicht als so selbstverständlich angenommen werden, und die Fähigkeit zu Denken und Liebe zu empfinden sind unvergleichlich und so kraftvoll, dass eine dahinterstehende Macht nicht ganz ausgeschlossen werden kann. Andererseits bleibt die These, dass alles dem Zufall geschuldet ist, ebenso nicht widerlegt.

Am Ende kann der Mensch, von Natur aus Egoist und auch im besten Fall immer zeitweise ein Sünder, Liebe und Glück vor allem nur durch Selbstlosigkeit erreichen, während die Anlage zum Spirituellen in ihm verankert ist. Wenn man für einen kurzen Moment annimmt, dass es eine höhere

Macht tatsächlich geben könnte, wäre es hierbei meiner Ansicht nach nur schwer vorstellbar, dass es eine gäbe, die nicht gut sei und in welcher der pure menschliche Egoismus glorifiziert würde.

1.2.5 Wie wäre Gott - Und welche Aufgabe hätte der Mensch?

Geht man davon aus, dass Gott existiere, kommt die Frage auf, was für ein Gott er wäre. Im gleichen Atemzug ist zusätzlich die Frage zu stellen, welche Aufgabe er dem Menschen auferlegen würde – beziehungsweise ob es überhaupt eine Aufgabe für den Menschen geben müsse.

Da bei der hier genannten Problematik um einen Gott die hierzulande altbekannten und zur Zeit größten Religionen mit Ausnahme der Annahme eines singulären Gottes außen vor gelassen werden sollen, lässt sich meiner Wahrnehmung nach festhalten, dass sich Gott zunächst nicht sichtbar in diese Welt einmischen würde und dass neben vielem Guten auch viel Trauer, Leid und Ungerechtigkeit vorherrschen – das Leben ist nicht einfach, sondern im Gegenteil voller Schmerz, sodass jeder sein Päckchen zu tragen hat.

Ist Gott fernerhin, der vieles in dieser Welt zuzulassen scheint und in der das Gute am Ende selten obsiegt, nun als gut oder als böse anzusehen? Neben dem vielen Leid in der Welt muss jeder Mensch andererseits im Leben auch Liebe erfahren haben, ohne die der vom Menschen angestrebte Zustand des Glücklichseins zudem nicht möglich wäre. Dies muss nicht immer die direkte Liebe zur Familie, zu Freunden oder zum Partner sein, da Liebe vielerlei Formen kennt.

Hinzu kommt der Umstand, dass der Mensch nicht nur eine in sich wohnende Moral trägt, sondern auch eine Seele. Zu dieser Seele gehört ein inneres Gewissen, das stärker oder schwächer ausgeprägt ist.

Interessant ist, dass man dieses Gewissen nur schlecht betrügen kann, es wie die Moral in einem Menschen ebenfalls in einem Ansatz vorhanden ist und dieses Bewusstsein nicht erst komplett im Zuge des Erziehungsprozesses erlernt werden muss – Meine These ist, dass der Mensch nur wahres Glück erfahren kann, wenn er mit sich und seinem Gewissen in Einklang lebt und Liebe erfährt.

Wahres Glück deshalb, da diese Form des Glücklichseins stärker ist als all die anderen Formen der Befriedigung oder der Ekstase. Diese Gefühlszustände müssen keine langen Momente sein, doch sind wie wertvoll und machen das Leben aus. Wenn es einen Gott gibt, könnte man annehmen, dass er dieses Glücksgefühl als erstrebenswert ansieht, während auf dem Weg dorthin viele Gefahren lauern.

Gleichermaßen könnte man dagegen als Negativbeispiel ebenso in der „zivilisierten Welt" durch Betrügereien zu Wohlstand und eventuell auch zu Ansehen gelangt sein, sodass man ein angenehmes und vielleicht gefühlt glückliches Leben führen könnte.

Doch glaube ich, dass wahres Glück auf diese Weise schon alleine wegen des inneren Gewissens nicht wirklich möglich ist. So scheint es, als wäre es dieser wahre Glückszustand, den es zu erreichen gilt. Während das Leben voller Verlockungen und Ungerechtigkeiten steckt, und der Normalzustand der menschlichen Gruppierungen durch dessen Anlagen eher die Kriegssituation ist, was durch die Geschichte hinweg hinreichend belegt ist – so kann man durch Gewalt und Egoismus nichts wirklich Erhabenes vollbringen.

Die größten Ziele, die ein Mensch erreichen kann, Liebe zu erfahren und Glück zu erleben, sind so nicht zu verwirklichen.

Folgt man der These, in der das Gewissen eine Rolle spielt um Glück erfahren zu können, so sollte jede Person für sich in Abhängigkeit seiner jeweiligen Situation betrachtet werden, da jedes Individuum und die speziellen Lebensumstände verschieden sind. So gibt es verschiedene Persönlichkeiten, verschiedene physische und psychische Voraussetzungen und unterschiedliche Erfahrungen, was das ganze sehr kompliziert macht, zumal jeder Mensch immer wieder sündigt.

Eine Betrachtung der Einzelperson je nach Lebensbedingungen macht außerdem Sinn, da beispielsweise die Moral und das Bewusstsein für Gut und Böse je nach kulturellen Gepflogenheiten und durch die Zeit einer gewissen Wandlung unterworfen sind. Was letztendlich gut oder böse ist, dass ist nicht immer einfach zu bestimmen. Doch wenn man sich der Empathie, der Liebe und dem Wissen verpflichtet fühlt und eine Begebenheit genau reflektiert, sollte man dieses sehr philosophische Feld zumindest stark eingrenzen können.

Daher glaube ich, dass sofern es Gott gibt, dass es ein guter Gott sein muss, da man das Höchste nur erreichen kann, wenn man versucht, ein guter Mensch zu sein, der sich reflektiert und lernt. Und auch die Aneignung von Wissen ist wichtig, da man nur so mehr über sich und das Leben lernen kann, empathischer wird und einfache Lösungen, auch das betrügen des eigenen selbst, immer schwerer werden.

Wenn es eine Aufgabe gibt, die ein Gott dem Menschen erteilen könnte, dann wäre es diese: Sich zu bilden und ein guter Mensch zu sein. Das Leben erscheint so als eine Prüfung, in einer Welt, die nur selten gerecht und immer öfter grausam ist, in der nicht jeder die gleichen Chancen hat und die so unendlich komplex ist, dass Worte sie nicht einmal nur vage beschreiben können.

Ob das Leben in seiner Gesamtheit für einen Gott wirklich von großer Bedeutung ist, bleibt offen, denn das Leben ist auf alle Fälle endlich und Liebe und Glück keine dauerhaften Zustände. Wie diese Prüfung am Ende bewertet wird, dass kann vermutlich niemand sagen, und es ist auch nicht so wichtig – klar ist nur, dass jeder Mensch eine eigene Bewertungsgrundlage besitzt.

1.3 Der Sinn des Lebens – mit und ohne Gott

Die Frage nach dem Sinn des Lebens gehört sicherlich wie die Gottesfrage zu den ältesten Fragen der Menschheit. Grundsätzlich möchte der Mensch im Zuge der Evolution zunächst einmal überleben und sich durchsetzen. Der Sinn könnte hier darin liegen, den Gefahren der Umwelt zu trotzen und sich zu behaupten, sich ausreichend zu versorgen und zu vermehren.

Doch scheint ihn dieser Ansatz als denkendes und fühlendes Wesen allein nicht zu befriedigen, denn der Mensch hat ein Verlangen nach einem ihn wirklich zufriedenstellenden Zustand, der als Glück bezeichnet werden kann. Gemeint ist hier das schon zuvor beschriebene „wahre Glück", denn der Begriff selbst ist durch die verschiedenen Zustände wie dem einfachen Glücksgefühl oder der Ekstase, die er ebenso beschreibt zu unterscheiden.

Aufgrund des beschriebenen Verlangens ist es nicht verwunderlich, dass Menschen sehr oft zu ähnlichen Ergebnissen kommen, wenn es darum geht, die Frage nach dem Sinn des Lebens zu beantworten. Denn die Antwort liegt meistens darin, glücklich zu sein oder es zu werden.

Im Leben strebt jeder Mensch danach, so meine Hypothese, glücklich zu werden, da dies ein innere Sehnsucht ist. Auf welche Weise man dieser nachgeht, ob man aktiv danach strebt oder nur unterbewusst darauf hofft, den Glückszustand zu erreichen, ist individuell verschieden. Glück hängt allgemein nicht nur mit der Liebe, sondern auch mit der Prüfung des Lebens, die neben der Liebe aus guten Taten und Wissen besteht, zusammen. Denn wenn der Mensch versucht, einigermaßen erfolgreich seine Prüfung zu bestehen, begünstigt dies seine Chance, ein gutes inneres Gewissen und vermehrte Handlungsmöglichkeiten zu haben und so eher zu seinem Glück zu finden.

Das diese Aspekte in meinen Augen zum Glücklichsein dazugehören, ist für mich ein weiteres Zeichen dafür, dass es im Leben nicht nur um das Glück als solches, sondern damit zusammenhängend um eine Prüfung geht.

Interessant ist hier, dass Liebe und ein gutes Gewissen nicht für die Ideen der Evolution entscheidend sind, sondern teilweise sogar hinderlich und damit mehr als nur eine Art unglückliche Nebenwirkung der Natur darstellen.

Ebenso bemerkenswert ist, dass auch bei der Annahme, dass es keinen Gott gäbe, der Sinn des Lebens aufgrund des inneren Gewissens des Menschen in seiner persönlichen Aufgabe, seine Prüfung zu bestehen und so glücklich zu werden, läge, und damit unabhängig von einem Gott gleich bliebe.

1.4 Fazit

Die Existenz Gottes lässt sich wie vorab beschrieben weder in die eine noch in die andere Richtung beweisen. Sicher ist nur, dass er, wenn er denn existiert, sich nicht zu erkennen gibt – doch das muss er auch gar nicht. Denn erstaunlicherweise liegt (nach meinem Dafürhalten) der Sinn des Lebens darin, glücklich zu werden, während die Prüfung des Lebens daraus besteht, ein guter, sich bildender Mensch zu sein – und das mit und ohne einen Gott.

Nimmt man hier Bezug zu den drei großen monotheistischen Religionen dieser Zeit, dem Judentum, Christentum und dem Islam, so deckt sich die hier vertretene These der Aufgabe des Menschen mit einer der wichtigsten vermittelten und von den meisten Gläubigen so aufgenommenen Kernbotschaften dieser Religionen, die in allen drei lautet, ein möglichst guter Mensch zu sein. Ich persönlich denke, dass man einem Gott nur so gerecht werden könnte, und dass es dabei nicht einmal wichtig wäre, ob man überhaupt gläubig sei. Dabei möchte ich anmerken, dass meiner Meinung nach die spirituelle Kraft, die nicht nur von diesen drei großen Religionen unseres Kulturraumes ausgeht, sondern auch die anderer Religionen überaus interessant und bemerkenswert ist.

Weiterhin denke ich, dass der Zustand des Glücks und das Bestehen der Prüfung nur erreicht werden können, wenn gewisse Voraussetzungen erfüllt sind. Neben der Aufgabe, ein möglichst guter Mensch zu sein, ist es dabei genauso wichtig, ein möglichst intelligenter und weiser Mensch zu sein, der sich reflektiert und entwickelt.

Nur so kann man die Welt ein Stück besser machen, angefangen bei einem Selbst, der versucht, gemachte Fehler nicht zu wiederholen, an sich zu arbeiten und eine andere Perspektive einzunehmen. Der sich bildet, irrtümliche Gedankengänge revidiert und sich selbst immer besser kennenlernt, und so herausfindet, wer man ist und was man möchte.

Je gebildeter eine Person ist (gemessen an sich selbst), desto empathischer kann sie sein, desto weniger lässt sie sich manipulieren und oder von einfachen, emotionsgeladenen Ideen verleiten.

Desto mehr kann sie leisten und desto freier wird sie sein, was auch der gesamten Menschheit zugutekommen wird, und desto mehr kann man ebenso verzeihen, weil man versucht, den anderen und seine Situation zu verstehen.

Die Prüfung wird dabei nicht einfacher, da sich das offenbarende Leben ob des vermehrten Wissens und der Erkenntnisse auch im Hinblick auf die Einhaltung der Prüfung und des Glücklichwerdens immer schwieriger gestalten und man mit noch mehr Ungerechtigkeit, vielschichtigen Situationen und Leid konfrontiert wird.

Letztendlich muss man von sich ausgehen, denn jeder muss seine eigene Prüfung bestehen, die kein Wettstreit zwischen den Menschen ist - denn jeder Mensch ist gleich viel wert - der Lohn all dessen ist am Ende nichts mehr als die Chance zum eigenen Glück.

Um diesen Weg zu bestreiten, soll die Formel helfen. Sie wird individuell entwickelt, damit sie auf dem Weg zum persönlichen Glück Kraft und Halt verleiht. Natürlich braucht man dabei zusätzlich einige nützliche Strategien, die in den nächsten Teilen vorgestellt werden. Die Basis des ganzen wurde nun im ersten Teil gebildet, auf die die Formel sich stützen kann.

Teil 2 - Die Formel

2.1 Das Grundgerüst

Im ersten Teil wurde geklärt, was den Menschen ausmacht und wie er, aber auch die Gesellschaft, funktioniert. Das macht Sinn, da es erklären kann, warum Menschen manchmal so egoistisch oder grausam erscheinen, und warum die Gesellschaft so oft eine heuchlerische Wirkung besitzt.

Eine Erklärung macht das Gefühl der Ungerechtigkeit zwar nicht direkt besser, aber man kann lernen, mit dem Menschen und der Gesellschaft zurecht zu kommen, sich darauf einzulassen und auch, wenn man damit nicht einverstanden ist, kann man zumindest lernen zu verstehen – so kann man versuchen, einen eigenen Weg zu gehen: Erfolgreich, dennoch ehrenvoll und ohne sein Gesicht zu verlieren.

Wenn man versteht, kann man zudem auch lernen, zu verzeihen – was zusätzlich eine befreiende Wirkung hat. Auch die Frage nach einem Gott, der immerhin nicht nur möglich ist, sondern dessen Chancen für seine Existenz immerhin ganz gut stehen, kann helfen in diesem Leben neuen Mut zu fassen.

Doch unabhängig davon gibt es einen Drang zu leben und immer ein wenig Hoffnung, die es wert sind, ernst genommen zu werden, und man sollte sich die Chance, sich dem Kampf des Lebens entgegenzustellen und die Aussicht auf sein eigenes, kleines Glück, nicht entgehen lassen.

Es ist zunächst egal, ob man verzweifelt nach dem Sinn im Leben sucht, ob man ausgebrannt oder depressiv verstimmt ist. Eine tägliche Formel, die einen daran erinnert, was wichtig ist, die Orientierung und Kraft gibt, kann in jedem Fall hilfreich sein. Sie bildet die Basis des Lebens, die an späterer Stelle auch durch weitere Strategien ergänzt wird.

2.2 Die Funktionsweise

Die Formel besteht aus mehreren Teilen, die verschiedene Funktionen erfüllen. Mindestens einmal am Tag sollte man sich für sie ca. 2-5 Minuten Zeit nehmen, wobei sie am Anfang noch ein wenig mehr Zeit in Anspruch nehmen kann, bis sich alles eingespielt hat und man keine schriftliche Vorlage der Formel mehr benötigt.[7] Wenn man sich mit ihr beschäftigt, sollte man zur Ruhe kommen und sich auf sie einlassen.

Auch wenn man sich zu Beginn je nach Verfassung nicht immer total entspannen, konzentrieren oder Zeit nehmen kann, die Hauptsache ist, dass man sich mit der Formel einmal täglich beschäftigt, sodass man hier ein Ritual schafft, das einen daran erinnert, was und wer einem im Leben wichtig ist, wie das Leben funktioniert, worum es geht und dass man kurz durchatmet.

Man lässt etwas Ruhe und einen positiven Gedanken in sein Leben, und bringt ein wenig Orientierung in das Chaos.

---

[7] Ist man später ein wenig geübter und konzentriert sich auf die wesentlichen Bestandteile der erstellten Formel, kann sie einem in stressigen Situationen auch innerhalb einer knappen Minute Kraft und Orientierung geben.

Die Wirkung sollte nicht unterschätzt werden, denn sie ist enorm, auch wenn nicht sofort ein Aha-Effekt eintreten wird. Ihre Kraft entfaltet sich in der täglichen Wiederholung, bildet eine stabile Basis im Leben und ist eines von mehreren Puzzleteilen, die in ihrer Gesamtheit das Leben in kleinen, aber stetigen Schritten voranbringen werden.

Neben der Formel gibt es einige Strategien zum Lebensalltag, deren Erfolg sich unter anderem anhand von bestimmten Zählweisen, die noch erläutert werden, festhalten lässt. Diese machen auch Sinn, da man den Fortschritt zu Beginn kaum spürt und es immer wieder Rückschläge, die ebenso dazugehören, geben wird. Genauso wie man beim täglichen Blick in den Spiegel nicht merkt, wie man altert, so macht sich der stetige Erfolg zu Beginn kaum bemerkbar. Umso größer wird er sein, wenn man nach einiger Zeit anfängt zu vergleichen und dann von den Veränderungen fast überwältigt wird.

Doch wie schon in Punkt *1.1.1 Die Möglichkeiten der Veränderbarkeit und die Dilemmata des Menschen* erwähnt wurde, braucht das „emotionale System" länger als der Verstand, der am liebsten auf rationaler Ebene die möglichen Aktivitäten des Tages berechnen und alle geplanten Änderungen sofort etablieren würde.

Es kann daher gut möglich sein, dass obwohl man sich für einige Dinge längst bereit fühlt, unterbewusst Sorgen vor dem Misserfolg, also eine Art „Lampenfieber" oder ressourcensparende Prozesse den gewünschten Tatendrang zu Beginn noch etwas ausbremsen.

Es gilt daher zu versuchen, sich nicht nur zu konditionieren und sich durch die Reflexion das Positive des eigenen Handelns hervorzurufen, sondern auch das positive Denken stärker in den alltäglichen Fokus zu rücken und damit zeitgleich zu versuchen, sich selbst auf emotionaler Basis umzuerziehen und zu beeinflussen.

Dass dies möglich ist, weiß man von selbsterfüllenden Prophezeiungen bis hin zu der Fähigkeit, sich selbst beispielsweise durch traurige Musik in eine betrübte Stimmung zu versetzen. In einem Experiment, indem die Probanden mit Aussagen bezüglich ihres eigenen Schlafes manipuliert wurden, konnte beispielsweise gezeigt werden, dass die Kraft der eigenen Gedanken soweit geht, dass sich dies auf die eigene Wahrnehmung und auf die Leistungsfähigkeit niederschlägt (vgl. Draganich / Erdal 2014).

Natürlich muss klar sein, dass man sich nicht ständig gewünschte Stimmungen einreden kann. Wenn man sich zum positiven Denken ergänzend mit den Ursachen seiner Gefühle und Emotionen auseinandersetzt, kann man versuchen, bei sich selbst wirksame Strategien zu finden, um zum Beispiel bei nicht funktionierenden Planungen die möglichen versteckten Emotionen sowie die

Ursachen für bestimmte Gefühle herauszufinden und ins Positive umzukehren. Dies kann durch Belohnungen oder Selbstbestärkung stattfinden.

Zusätzlich summiert sich durch das Konzept der Formel mitsamt seinen Strategien der Erfolg in vielen Lebensbereichen und je mehr einem gelingt und desto besser man sich kennenlernt und seine Ziele klarer werden, desto feiner wird die sich entwickelnde Formel werden. Anzumerken ist, dass dies das Grundgerüst darstellt – die Formel selbst kann man sich auch als eine Art „Mind-Map" mit weiteren Armen und Gedankenstützen vorstellen.

Nicht zu vergessen ist auch, dass das ganze Konzept aus mehreren Schritten besteht und ein langanhaltender Prozess ist, der das ganze Leben begleiten und ordnen wird. Nun soll mit dem ersten Schritt in ein neues Leben begonnen werden.

2.3 Aufbau der einzelnen Schritte mit kurzen Erklärungen

Die Formel besteht grundsätzlich aus mehreren Schritten, die je nach Glauben, Glaubensrichtung oder persönlichen Vorlieben variiert werden können. Im nachfolgenden wird ein mögliches Beispiel vorgestellt.

Es handelt sich hierbei um die Formel, die ich täglich durchgehe und die im Stil eines Gebets gehalten ist. Denn in der Form eines Gebets gelingt es mir am besten, abzuschalten und neue Kraft zu schöpfen. Zwar bezeichnete ich mich generell als Agnostiker, doch bin ich von einigen Phasen des Zweifelns abgesehen mit der Zeit auf meine Art und Weise gläubig geworden und nutze die Formel nicht nur als Durchgehen der Basis meines Lebens, sondern zugleich als persönliches Gebet.

Ich bin mir jedoch sicher, dass der Glauben kein zwingender Teil der Formel ist und seine Wirkung auch ohne diesen nicht verfehlen wird:

Schritt 1 – Der Auftakt:

Hier schafft man zunächst in seinem Kopf die nötige positive Atmosphäre und beginnt mit einem ersten Ritual um zur Ruhe zu kommen. Dies kann beispielsweise mit einem bekannten Gebet sein, zu dem man die Augen verschließt, unabhängig davon ob man glaubt oder nicht. Ich persönlich habe hier das „Vaterunser" genommen, das als das bekannteste Gebet des Christentums gilt (vgl. EKD o.J.; Nußbaum 2010).

Dieses „Grundgebet" (Gotteslob 1975: 20) ist mir durch die christliche Umwelt und durch die katholische Prägung bekannt, wird von mir (auch der Inhalt) sehr gemocht und erinnert mich nicht nur an die eigene Kindheit, in der man dieses Gebet kennen gelernt hat, sondern auch an die spirituelle Kraft, die ich mit diesem verbinde.

Glaubt man nicht an einen Gott und möchte man sich auch nicht dem Gebet einer gängigen Glaubensgemeinschaft anschließen, kann man sich statt des Gebets entweder etwas Eigenes ausdenken oder sich an einen (fiktiven) Ort denken, an dem man beispielsweise verweilt.

Das Ziel ist es, neben der positiven, auch eine kraftvolle Atmosphäre zu schaffen. Bei mit erzeugt dieses Gebet die nötige Stimmung, und ein kurzes abtauchen in eine andere Welt.

Schritt 2 – Fürbitten:

In diesem Schritt „bete" oder „gedenke" ich allen Menschen, die mir in meinem Leben etwas bedeuten, die ich liebhabe und die verstorben sind. Auch hierbei ist es nicht wichtig, ob man gläubig ist – zumindest erinnert man sich an die geliebten Personen und denkt daran, was man ihnen wünscht oder sich für sie erhofft – und dass bestimmte, zum Beispiel verstorbene Personen einem Kraft schenken mögen.

Zu den Personen, an die sich die Fürbitten richten können neben der Familie und Freunden, Menschen in Not oder Menschen, die einen beeindrucken gehören. Aber auch diejenigen, die einen aufregen, die man nicht leiden kann oder einem Unrecht tun können in diese Aufzählung hinzugefügt werden. Auch wenn diese Menschen es offensichtlich nicht verdient haben, dass man an sie denkt, kann man versuchen, ihnen zu verzeihen, zu hoffen, dass sie sich ändern oder sich zu erinnern, dass jeder Mensch Probleme und Schwächen hat, aber auch etwas Gutes in sich trägt.

Indem man an diejenigen denkt, die einem etwas bedeuten macht man sich überdies klar, wen man im Leben hat oder kennengelernt hat; dass es sich schon dafür gelohnt hat und dass es Menschen gibt, die man respektiert. Ich denke, selbst einem nichtgläubigen Menschen kann dies Kraft geben, denn es hat eine starke, überraschend reinigende Wirkung und man führt sich so vor Augen, wer einem wichtig ist.

Schritt 3 – Hilfe und Wünsche:

Auch wenn sich dieser Teil im Laufe der Formel noch mit am stärksten verändern kann, erbittet man sich nun die derzeit grundlegendsten Hilfen und äußert seine Wünsche; und wenn es nur diejenigen sind, die die meisten Menschen betreffen könnten:

Hilfe, ein besserer Mensch zu sein (vielleicht auch um Vergebung der eigenen Sünden), produktiver zu sein, geduldiger zu sein und die nötige Kraft, durchzuhalten. Ein „Bitte, hilf mir..." muss sich nicht zwangsweise an einen Gott richten, man kann dies auch an seine innere Kraft adressieren –

Wichtig ist hierbei nur, dass man sich seiner Wünsche erinnert. Wenn man nicht aufgibt, an sich zu arbeiten und man seinen Schwächen, sollte es noch so lange dauern, immerzu entgegentritt, so wird man sie eines Tages besiegen können – es ist nur wichtig, niemals aufzugeben.

Schritt 4 – Worum es im Leben geht:

Nun geht man kurz das eigene Weltbild durch, worum es im Leben für einen geht. In meinem Fall ist von zentraler Bedeutung, dass das Leben ein Kampf und eine Prüfung ist, die ich zu bestehen erhoffe und dieses Gelingen bei Gott erbitte, und dass ich es schaffe, Liebe empfinden zu können und glücklich zu werden. Auch hier ließe sich der Adressat natürlich austauschen.

Schritt 5 – Wie man sich verhalten möchte und wie man das Leben sieht:

Um all das, was man erreichen möchte, zu schaffen, muss man sich klarmachen, dass egal wie es gerade aussehen mag, man niemals aufgeben darf und immer **sein Bestes geben** muss.

Außerdem halte ich es von zentraler Bedeutung, dass man im Leben in quasi allen Bereichen, vor allem in seinen Verhaltens- und Denkweisen, die **Balance** hält, dass man nicht in Extreme verfallen darf und man beispielsweise auch Probleme, Ängste und Sorgen von zwei Seiten sehen sollte.

Danach erinnere mich daran, dass **„Alles nicht so wichtig"** ist. Damit ist gemeint, dass ich einerseits davon ausgehe, dass man das Leben ernst nehmen sollte, und dass es wichtig ist, sein Glück zu finden und die Prüfung des Lebens zu bestehen.

Andererseits ist das Leben endlich, und unser kurzer Auftritt von einigen Jahrzehnten auf diesem Planeten ist irgendwann zu Ende. Egal wie viel Leid man erfährt und wie viel Traurigkeit man mit sich herumschleppt, die kurzen Momente des Glücks, das sich aufbäumen gegen die schreckliche Welt und das Streben nach Glück und Liebe lohnen sich in jedem Fall.

Aus einer anderen Perspektive, mit mehr Abstand von der Erde mit dem Blick auf diese kleine Welt und kurze Zeitspanne unseres Daseins, wirkt alles nicht mehr so wichtig; wir stellen nicht einmal ein Wimpernschlag im unendlichen Universum dar und so ist alles, was von uns am Ende übrigbleibt, die glücklichen Momente, auch, wenn diese im Leben nicht überwiegen – Das Leben ist sicherlich leidvoll, doch am Ende zählt nur die Prüfung.

Zum Schluss kommt der für mich wichtigste Teil. Geht man davon aus, dass es einen Gott gibt, hält er sich augenscheinlich ziemlich zurück und wir treffen unsere eigenen Entscheidungen. Und dennoch, ob er das Weltgeschehen lenken sollte oder nicht, wüsste er als absolute Vernunft, was als nächstes geschieht.

Gibt es ihn nicht, so entspringt alles dem Zufall und unsere Taten wirken in einem unendlich komplexen, vom Zufall geprägten Spannungsfeld ineinander, sodass man in beiden Fällen sagen kann: **„Wenn es sein soll".**

Als Mensch kann man am Ende doch nur sein Bestes geben, immer wieder aufstehen und hoffen - auch auf ein bisschen Glück, egal ob damit Gottes Gnade oder der Zufall gemeint ist - und somit muss man einen Teil seines Lebens dem „Schicksal" überlassen, und darf auch mal abschalten.

Schritt 6 – Positive Gedanken:

Ergänzend und ein wenig formloser schließe ich die Formel mit dem vorletzten Schritt ab, indem ich daran denke, was positiv in meinem Leben war, was man beispielsweise erreicht hat, in welcher Situation ich glücklich war und denke mich an einen der Sehnsuchtsorte, an denen ich entweder glücklich war oder an die ich mich hinweg denken möchte. Dieser Teil fällt je nach Verfassung unterschiedlich lang aus.

Schritt 7 – Durchatmen:

Der letzte Schritt besteht darin, einfach mindestens zehnmal, ob völlig konzentriert oder im weiteren Verlauf des Tages tief durchzuatmen. Dies verleiht Kraft und hat eine beruhigende, aber auch angstlösende Wirkung.

Auch wenn die Formel nicht dazu führt, dass man die Welt schlagartig mit anderen Augen sieht, so lässt sie einen doch mindestens einmal am Tag zur Ruhe kommen. Man lässt ein paar positive Gedanken in seinen Kopf und erinnert sich, wer man ist, was einem wichtig ist, worum es geht und was man erreichen möchte.

Schließt man hierbei darüber hinaus die Augen und nimmt an, dass diese Formel jeden Tag ungefähr 3 Minuten dauert, kommt am Ende eines Jahres schon eine ganze Zeit zusammen, in der man zum einen sein Leben ein wenig ordnet, und zum anderen in einen Gebetsartigen oder meditativen Zustand verfällt.

Erstellt man seine Formel, kann man diese natürlich auch mit eigenen Gebeten versehen oder alternativ mit verschiedenen Meditationsformen.

Ich persönliche schließe meine Formel jeweils mit einem recht kurzen Gebet ab, sodass neben dem christlichen „Vaterunser" ein weiteres in meine persönliche Formel integriert wurde.

Meiner Erfahrung nach war im Übrigen nicht die Erstellung der Formel, sondern deren Einhaltung, also die tägliche Durchführung das Problem. Brauchte ich am Anfang noch die ausgedruckte Vorlage um keinen Teil zu vergessen und lag bei ungefähr zwei Durchgängen pro Woche, war die Vorlage schon bald nicht mehr notwendig, die „Gebetsdauer" verkürzte sich von ca. 9 auf 3 Minuten und ich schaffte es, sie (fast) jeden Tag durchzuführen (Ansonsten wurde sie am nächsten Tag nachgeholt).[8]

---

[8] Ergänzung: Falls man mal etwas weniger Zeit hat, kann man die „Formel" auch nebenbei durchgehen. Siehe dazu auch die Anmerkung am Schluss des Buches.

2.4 Beispiel einer Formel

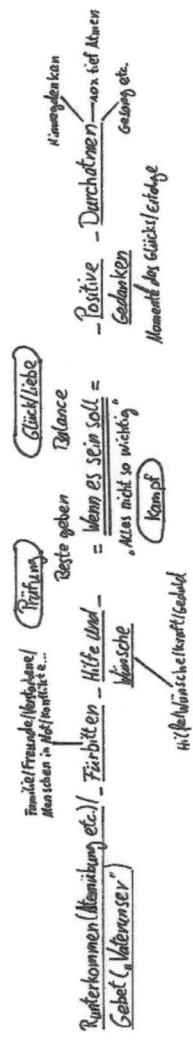

Abbildung 1: Beispiel der Formel – Grundgerüst

2.5 Lebensbereiche, elementare Strategien und das „Punkte zählen"

Je nachdem, ob man sein Leben nur produktiver gestalten möchte oder durch Komplikationen wie depressiven Verstimmungen oder Burnout wieder in den Griff kriegen möchte gibt es Strategien, die generell eine Bereicherung des Lebens darstellen können und daher nicht zwingend an missliche Umstände gebunden sind.

Sie können dazu führen, dass man wieder in der Lage ist, sein Leben zu meistern, Emotionen zuzulassen oder dass man mit negativen Erlebnissen abschließen kann. Die Stärke kommt durch die Gesamtheit der Maßnahmen, die jeden Lebensbereich betreffen.

Hierfür muss natürlich erst einmal eine sinnvolle Einteilung der zentralen Lebensbereiche stattfinden, damit man nicht in Nebensächlichkeiten verharrt. Im Anschluss werden Maßnahmen vorgestellt, die natürlich durch persönliche Vorlieben oder Erfordernisse ergänzt werden können.

Diese haben den Zweck, dass man es schafft, seine Ziele zu erreichen, die Lebensbereiche zu ordnen und hier zurecht zu kommen. Weiterhin wird durch die Kontinuität erreicht, dass man sich immer weiter steigern kann, und man durch die erzielten Erfolge und erworbenen Kompetenzen eine zusätzliche Wechselwirkung zwischen den einzelnen Bereichen bewirkt, die weitere Erfolge bedingen und so durch die plötzlichen großen Fortschritte zu einer Art „positiven Spirale" werden.

Dabei sollte man sich nicht von Misserfolgen oder einzelnen Bereichen, die nicht wunschgemäß verlaufen, abschrecken lassen. Um sicherzustellen, dass man vorankommt, man eine erfolgreiche Entwicklung durchmacht und man sich entwickelt, ist das „Punkte zählen" gedacht. Was es allerdings damit genau auf sich hat, soll nach der kurzen Darlegung der einzelnen Lebensbereiche erläutert werden.

2.5.1 Lebensbereiche

Im Folgenden werden nun die verschiedenen, in sieben Kategorien zusammengefassten, **Lebensbereiche** aufgezeigt, auf die man sich im Weiteren konzentriert und die vermutlich fast jede Person auf die ein oder andere Art und Weise betreffen wird:

Bereich 1 - Arbeit und Hausarbeit:

Hierzu gehört der Broterwerb oder der Versuch, im Arbeitsleben Fuß zu fassen, die Organisation und Durchführung des Haushalts sowie alle zugehörigen Bereiche, von der ärztlichen Versorgung bis hin zur Organisation des Lebensalltags.

Bereich 2 - Sport und Bewegung, Ernährung und Suchtverhalten:

In diesem Bereich spielt vor allem der Sport ein, der auf verschiedenen Anforderungsniveaus betrieben werden kann, zumindest aber ein Mindestmaß an Bewegung, da diese schon alleine für die Versorgung der Muskulatur mit Sauerstoff notwendig ist. Auch die Ernährung ist ein wichtiger Bereich des alltäglichen Lebens, da sie nicht nur für die Gesundheit, sondern auch entscheidend für die Stimmung und Produktivität mitverantwortlich sein kann.

Das Suchtverhalten, welches sich generell vor allem für Menschen mit Stimmungsschwankungen oder psychischen Problemen nachteilig auswirkt, gilt es einzudämmen.

Zwar kann man je nach Individuum auch ohne den Verzicht von verschiedenen Suchtmitteln sein Leben in den Griff oder in die gewünschte Bahn bringen, doch lässt sich eine stabile Balance vor allem dann einrichten, wenn man auf jegliche Suchtmittel wie Drogen und Alkohol, aber auch Nikotin und Koffein verzichten würde.

Bereich 3 - Reflexion und Problemverarbeitung:

Für das eigene Leben, für eine innere Balance und Ausgeglichenheit ist es wichtig, dass man mit sich im reinen ist. Man sollte selber dafür Sorge tragen, dass man den Großteil der ungelösten Konflikte, Fragen und bedrückenden Erlebnisse aufarbeitet und hinter sich lässt. Eine bloße Verdrängung würde meines Erachtens nach keinen Sinn machen, da ein Konflikt nicht nur ungelöst bleiben und einen verfolgen würde, sondern man auch nichts über sich, andere und das Leben lernen kann.

Da es darüber hinaus überaus wichtig ist, sich ständig weiterzuentwickeln, gehört eine vernünftige Reflexion des eigenen Lebens und Verhaltens unbedingt zum Lebensalltag dazu.

Um der Gefahr vorzubeugen, sich in Gedanken zu verlieren und eine Art Grübelzwang zu entwickeln, sollte man diese Zeit im Vorhinein bewusst zeitlich begrenzen.[9]

Bereich 4 - Entspannung, Schlaf und die „Formel":

Egal wie produktiv und aktiv man ist, vernünftige Entspannungsphasen sind für ein erfolgreiches und ausgeglichenes Leben unablässig.

Dazu gehört nicht nur, passende Entspannungsformen zu etablieren, sondern auch die Formel als eine Art Fels in der Brandung zu nutzen, die einen täglich daran erinnert, nicht vom rechten Weg abzukommen.

Auch ein ausreichender Schlaf ist wichtig, um konzentriert in den Tag zu starten und hat bei einem Defizit negative Folgen, die sich auf andere Lebensbereiche auswirken (z. B. Freude, Stress, Konzentration).

---

[9] Diese Thematik soll mitsamt passenden Strategien in einem weiteren, dieses ergänzende Buch noch einmal aufgegriffen werden.

Bereich 5 - Sozialer Kontakt:

Prinzipiell unterscheiden sich Menschen in ihren verschiedenen Persönlichkeiten und brauchen daher auch unterschiedlich viel Aufmerksamkeit, intensive Beziehungen und soziale Interaktionen, um glücklich zu sein.

Unabhängig von der Persönlichkeit gehört es allerdings zum Leben und in jeder Gesellschaftsform aus unterschiedlichen Gründen dazu, sich mit anderen Menschen auseinanderzusetzen, zu kommunizieren und soziale Nähe zu erhalten.

Daher sollte sich jeder ein Mindestmaß an sozialen Kontakten zum Ziel setzen, die natürlich unterschiedlicher Art sein können. Durch soziale Kontakte kann man auch in bestimmten Situationen, beispielsweise kommunikativer Art, geübter werden, was nie vergebens ist, da man in der Arbeitswelt früher oder später an den Punkt kommt, in der man freisprechen oder argumentieren muss.

Bereich 6 - „Entdeckung und Verreisen":

Zu diesem Punkt gehört, dass man sich immerfort bilden sollte, etwas Neues erleben und dass man seinen Horizont erweitern sollte; mit Büchern und mit neuen Entdeckungen. Da zur Freiheit des Menschen gehört, dass man zwischen verschiedenen Optionen wählen kann, sollte man auch dafür sorgen, dass man wirklich die Möglichkeit dazu hat, eine Wahl zu treffen, und auch zu wissen, was das Leben für einen bereit hält.

Zu der Entdeckung des Lebens gehört es, Erfahrungen zu sammeln, Verantwortung zu übernehmen, seine „Komfortzone" zu verlassen, sich etwas zu trauen und die Welt, Kulturen, Länder, Orte und neue Menschen kennenzulernen.

Getreu dem Motto, dass jede Reise bildet, sollte man den Absprung wagen, auch wenn das zu Beginn bei einer neuen Erfahrung bedeutet, dass man beim ersten Mal eventuell aufgeregt ist. Da es auf der Welt so vieles zu entdecken gibt und die Geschmäcker verschieden sind, muss man nicht unbedingt ein Globetrotter werden, wenn man dies nicht will.

Es gibt auch im Bereich des kulinarischen, in der Natur, Musik oder Kunst, und auch bezüglich verschiedener Hobbys heutzutage fast unbegrenzte Möglichkeiten. Wenn man sich eine Sache ausgesucht hat, muss man dafür nicht einmal in der Stimmung sein, es reicht schon aus, wenn man sich überhaupt wagt, ausprobiert und am Ende sagen kann, dass man es versucht hat.

Bereich 7 – Entwicklung und Verbesserung:

Im Zuge der Entwicklung der eigenen Persönlichkeit, der eigenen Produktivität sowie der Lebensqualität macht es zusätzlich immer wieder Sinn, innezuhalten und zu reflektieren, was man schon alles geschafft hat (siehe *Bereich 3*).

Dabei bietet sich eine gute Gelegenheit, sich zu fragen, was man noch verbessern könnte, wo man sich steigern könnte und was man noch erreichen möchte. Und weil sich das Leben stetig wandelt, verändern sich die Situationen und Beziehungen im Leben, man wird älter und auch die Bedürfnisse sind vom beständigen Wandel betroffen.

2.5.2 Das „Punktezählen"

Die Strategie des Punktezählens hat zwei Grundfunktionen und stellt bei den aufgeführten Maßnahmen ein erstes Diagnoseinstrument der Veränderung des Lebensalltages dar. Einmal geht es darum, sich zu motivieren, möglichst viele Punkte zu erlangen, andererseits kann man anhand der erreichten Punktzahl sehen, wie produktiv man an einem Tag gewesen ist. Dies ist auch deshalb nicht zu unterschätzen, da sich manchmal die Wahrnehmung von der tatsächlichen Leistung des Tages oder des schon erreichten Fortschrittes stark unterscheidet.

Die Idee hinter dem System ist folgende: Man legt zunächst fest, welche Tätigkeit aus den verschiedenen Bereichen einen Punkt gibt und zählt im Tagesverlauf leise mit. Ob man sich die tägliche Punktzahl notiert, ist dabei erst einmal noch gar nicht so wichtig. Auch die Vergabe der Punkte kann wie beschrieben individuell geregelt werden.

Wichtig ist nur, dass man versucht, möglichst produktiv zu sein, möglichst jeden Bereich mit in den Lebensalltag einzubauen, zumindest aber in die jeweilige Woche, und dass man versucht, bestimmte Strategien und Aktivitäten, die einem gut tun einen Teil des eigenen Lebens werden zu lassen.

Man wird schon sehr zeitnah merken, dass man immer mehr Kondition bekommt. Man kann sich zusätzlich Belohnungen für eine hohe Punktzahl ausdenken und versuchen, mit sich selbst in eine Art Wettbewerb zu treten.

Durch die Kontinuität des Punktezählens wird man sicherlich schon relativ bald einen höheren täglichen Score erreichen, sodass man nach kurzer Zeit nicht mehr richtig mitzählen kann, da man einige Punkte vergisst – dann ist man bereit für die nächste Strategie, in der das Zählen nun auf eine einfache Weise verschriftlicht wird.

Bis zu diesem Zeitpunkt sollten viele der Strategien in den Alltag so einfließen, dass man sie irgendwann automatisch durchführt und als festen Teil des Alltags integriert hat.

Ein zusätzlicher Bereich, der generell in Betracht der eigenen Lebensführung gezogen werden sollte:

Hinaustreten in die Welt: Besonders wenn man sich viel vornimmt, werden Pausen oft leicht vergessen und man schafft es durch die viele Arbeit nicht, das Haus zu verlassen. Der Hintergrund, warum man sich regelmäßig vor die Tür wagen sollte, auch wenn man viel zu tun hat, ist der, dass man zu der individuellen Gedanken- und Arbeitswelt eine Art Realitätscheck bekommt.

Die Welt erscheint doch nicht so grausam zu sein und alles wird nicht so heiß gegessen wie es gekocht wird. Ist man draußen, kommt man auch bei bewölktem Wetter immer auch ein wenig Sonnenlicht ab, man ist an der frischen Luft und sollte die Chance nutzen, sich ein wenig zu bewegen.

Wenn man schon außer Haus ist, kann man versuchen, dieses Ereignis gleich mit weiteren Punkten zu verbinden: Einen Einkauf zu machen (auch von Kleinigkeiten, sodass man sich etwas gönnt) und damit die Interaktion mit fremden Menschen in der Gesellschaft aufzusuchen, was gleichzeitig bedeutet, mit anderen in Kommunikation zu treten (alternativ das Gespräch mit Fremden für einen kurzen Smalltalk nutzen); und wenn es geht die Gelegenheit zu ergreifen, ein Stück Natur (Park oder Wald) zu genießen.

Viele Studien haben gezeigt, dass Bewegung an der frischen Luft positive Aspekte auf Körper und Geist haben, das Gleiche gilt für Sonnenlicht und das Grün der Natur.

Für das Punktezählen heißt dieser Bereich: Würde man hier alles in einem schaffen, so könnte man sich jeweils für das Hinausgehen in die Gesellschaft, für die Natur, das Sonnenlicht und die frische Luft einen Punkt geben.

2.5.3 Ausgewählte Beispiele für die Punktevergabe in den einzelnen Bereichen

→ Bereich 1 - Arbeit und Hausarbeit:

Hier kann man für einen zu erreichenden Punkt Engagement im Beruf zeigen oder eine nennenswerte Leistung/Suche für den Erwerb einer Tätigkeit erbringen; im Haushalt kann es Punkte für einzelne Tätigkeiten wie Wäsche waschen, abspülen, einkaufen, den Müll hinausbringen, die Bettwäsche wechseln, putzen oder aufzuräumen geben; Weiterhin anstehende Arzttermine zu planen etc.

→ Bereich 2 - Sport und Bewegung, Ernährung und Suchtverhalten:

Je nach sportlichem Niveau kann man sich überlegen, ob man beispielsweise für eine halbe Stunde laufen einen Punkt erhält, oder ob dies erst bei einer längeren Dauer oder einer bestimmten Distanz der Fall ist. Das gleiche gilt für die Anzahl und Wiederholungen bei bestimmten Sportübungen, zum Beispiel Liegestützen.

Wer nicht in der Lage ist, eine „traditionelle" Sportform auszuüben, kann sich alternativ überlegen, ab welchem Grad der Bewegung er einen Punkt erzielt – wichtig ist nur, dass man Bewegung und/oder Sport in seinen Lebensalltag integriert und sich versucht zu steigern.

Denn dieser Bereich des Lebens bringt viele Vorteile mit sich, die hier nur beiläufig erwähnt werden können: Selbstbewusstsein, Abbau von Aggressionen und Stress, Stärkung des Kreislaufs, Anregung des Stoffwechsels, Versorgung der Muskulatur mit Sauerstoff und vieles mehr.

Wenn man sich jeden Tag etwa zehn Minuten mit häuslichen Übungen beschäftigen und zweimal die Woche laufen gehen würde, macht das auf die Dauer eines ganzen Jahres gesehen ein enormes Pensum an sportlicher Aktivität im Gegensatz zu einem nicht geregelten Ablauf oder sportlicher Abstinenz aus.

Auch die Umstellung der Ernährung macht bei fast jedem Menschen Sinn, da es hier quasi immer etwas gibt, was optimiert werden könnte. Zwar ist ein Ernährungsplan individuell anzulegen, doch für die meisten Menschen dürften zumindest gewisse Grundregeln gelten, wie zum Beispiel: Die ideale Wassermenge für den eigenen Körper zu bestimmen und zu trinken, auf Fast Food, Fertigprodukte und raffinierte Zucker größtenteils zu verzichten, ausreichend Obst und Gemüse zu sich zu nehmen etc.

Bezüglich des Suchtverhaltens gilt es, sich je nach Situation radikal (bei einer starken Einschränkung eines regulären Alltags) oder zumindest ein wenig zu reduzieren, indem man beispielsweise den Alkohol- und Zuckerkonsum schriftlich festhält und versucht schrittweise zu reduzieren.

Inwiefern man für die Einhaltung der Ernährungsumstellung Punkte vergeben möchte, ist dabei jedem selbst überlassen.

→ **Bereich 3 - Reflexion und Problemverarbeitung:**

Bei der Reflexion, bei der man sich über vergangene Ereignisse und ungelöste Konflikte Gedanken macht, sollte man meiner Ansicht nach darauf achten, dass dies in einem gewissen Zeitfenster geschieht und dass man sich zum Beispiel im Nachhinein noch einen festen Termin setzt.

Außerdem sollte man sich immer auch ein positives Thema vornehmen, dass einen Teil der Reflexionszeit einnimmt. Die Reflexion gehört zwar zu den elementarsten Punkten um zu sich zu finden und Dinge zu verarbeiten, doch sollte man hier auf eine Punktevergabe verzichten.

Hier scheint es eher das Problem, dass man in der Regel zu viel als zu wenig nachdenkt, und man muss ständig darauf bedacht sein, dass man zum Ende kommt, weil man nach einiger Zeit entweder zu einem Ergebnis kommt oder sich nur noch im Kreis dreht.

Wofür dagegen schon Punkte vergeben werden sollten, ist die schriftliche Reflexion, also das Niederschreiben der eigenen Gedanken, des eigenen Tagebuchs oder von seinen Erkenntnissen.

Dabei sollte man natürlicherweise konzentriert arbeiten und sich eine Zeitvorgabe, ab wann man diesen Punkt erreicht, stellen. Damit das Ganze einheitlich ist, sollte man sich einen Stil überlegen, in dem man das Geschriebene verfasst.

In meinem Fall habe ich beispielsweise versucht, die wichtigsten Ergebnisse meiner Reflexion über ein bestimmtes Thema in ausformulierten Sätzen zu verfassen, die in wenigen Absätzen mit Gedankenstrichen eingeleitet werden.

Dies kann eine befreiende Wirkung haben, denn es kann helfen, das Geschriebene als Geklärt anzusehen, so loslassen zu können und den Kopf wieder frei zu bekommen – wichtig ist dabei nur, dass man dem Ganzen mit der nötigen Ernsthaftigkeit begegnet, sodass man das Gefühl hat, einen Sachverhalt wirklich geklärt zu haben.

→ Bereich 4 - Entspannung, Schlaf und die „Formel":

Für das Durchgehen der eigenen Formel gibt es natürlich einen Punkt, und so gibt es ebenso einen, wenn die für einen selbst optimale Schlafzeit eingehalten werden kann (zumindest die „Bettzeit"). Wie dies am besten gelingt, kann man durch Ausprobieren herausfinden (z. B. „blaues Licht" wie beim Handy vermeiden, nicht zu viele Gedanken am Abend, Energiehaushalt regeln, nicht spät essen).

Eine Strategie, die ich mir angewöhnt habe, ist die Formel morgens noch im Bett durchzugehen. Ich persönlich komme so nicht nur leichter aus dem Bett, sondern am Abend auch schneller hinein, kann besser abschalten und mich morgens von etwaigen komischen Träumen oder Gedanken schnell verabschieden.

Schafft man es, früh ins Bett zu gehen, gibt dies selbstverständlich auch einen Punkt – und noch einen für das gelungene Aufstehen.

Bei der Entspannung gibt es natürlich mehrere Möglichkeiten. Da ich jemand bin, der nach langen ausprobieren festgestellt hat, dass mich vor allem ein gemütlicher Fernsehabend mit einem guten Essen, ein Sonnenbad, ein Saunagang oder das Lesen eines Buches entspannen (keine Fachliteratur, Zeitschrift oder im Internet), habe ich mich bei dieser Zählweise dazu entschlossen, die Punkte wie folgt zu vergeben:

Da es mit dem Fernsehabend und gemütlichen Spaziergängen ganz gut regelmäßig funktioniert, gibt es hier zunächst einen Punkt. Da beispielsweise ein Saunabesuch mit mehr Aufwand verbunden ist und ich oft für ein entspannendes Buch zu „hibbelig" gewesen bin, habe ich mir hierfür zwei Punkte gegeben und bei dem Lesen eine Mindestlesedauer von einer halben Stunde angesetzt.

→ Bereich 5 - Sozialer Kontakt:

Wie die Punktevergabe der sozialen Kontakte geschieht, muss auch hier jeder für sich entscheiden. Ein nettes Gespräch oder das zufällige Treffen eines Bekannten in der Stadt gab bei mir zwar keine Punkte, aber das Treffen mit der Familie, einem Freund, dem Partner/einem Date schon.

Auch ein angenehmes, längeres Gespräch während einer Arbeitspause habe ich dazu gezählt. Da auch für die Gesundheit soziale Kontakte und ein Austausch zwischen Menschen wichtig ist, habe ich mir das Ziel gesetzt, mindestens drei soziale Kontakte pro Woche zu pflegen.

→ Bereich 6 - Entdeckung und Verreisen:

In diesem Bereich habe ich bei Ausflügen, bei ausgedehnten, interessanten Spaziergängen oder Aktivitäten mit Freunden verschiedene Punkte gezählt.

Bei Reisen habe ich deshalb darauf verzichtet, weil man sich hier für so vieles hätte Punkte geben können, dass es keinen Sinn mehr gemacht hätte.

Im Grunde genommen habe ich mir immer dann Extrapunkte gegeben, wenn man eine neue Erfahrung gesammelt hat, wenn man etwas Neues dazugelernt hat oder wenn etwas anderweitig Schönes ins Leben getreten ist.

→ Bereich 7 - Entwicklung und Verbesserung:

Punkte gab ich mir in diesem Bereich beispielsweise für neue Ideen oder Erkenntnisse. Abgesehen von dem täglichen Zählsystem habe ich ab und zu innegehalten und ab einem gewissen Punkt, zum Beispiel dem ersten Tag des „Punktezählens" für mich alle Sachen aufgezählt, die sich schon verändert haben und was man seither geschafft hat.

Dazu zählten auch erfolgreich in den Tagesablauf eingeführte Routinen und schöne Erlebnisse. So gab es dann nicht nur eine positive Reflexion, sondern ich konnte mir vor Augen halten, inwieweit ich meine Ziele, unter anderem meine Produktivität zu steigern, schon erreicht habe.

2.6 „Die Liste"

Nach einiger Zeit, wenn man die ersten Erfolge mit dem Zählen der Punkte errungen hat,
wird man bemerken, dass verschiedene Vorsätze
und Strategien für ein produktiveres Leben bereits
in den Alltag eingeflossen und selbstverständlich
geworden sind.

An diesem Punkt kommt die nächste übergeordnete Strategie hinzu, die ein wenig Aufwand
mit sich bringt (aber auch nicht zu viel, sodass sie
auch für Listen-Faulpelze zu bewältigen bleibt). Sie
ist genauso einfach wie das zählen, stellt nun aber
eine Art Strichliste dar, in der nur noch die wichti-
geren Punkte vermerkt werden, die einen im Leben voranbringen.

Der Aufbau ist recht einfach: Die einzelnen
Bereiche werden untereinander aufgeführt. Es gibt
für jede Woche des Jahres eine Spalte, in der die
Punkte durch Striche wiedergegeben werden. Der
Vorteil dieses einfachen Systems liegt klar auf der
Hand: Am Ende einer jeden Woche sieht man, wie
produktiv man in den einzelnen Bereichen war.

Durch die klare Übersicht kann man wöchent-
liche Vorgaben leicht überprüfen – und zudem einen gewissen Druck aufbauen, dass man bestimmte Punkte doch noch ausführt, da man
schon so viel geschafft hat oder sich vornimmt,
diese nachzuholen.

Durch das einfache Ablesen kann man am Ende der Woche die Gesamtpunktzahl und am Ende eines Jahres den Durchschnitt der einzelnen Punkte berechnen.

Das permanente Zählen mag auf den ersten Blick anstrengend wirken, und der aufgebaute Druck demotivierend, doch ich denke, dass das Gegenteil der Fall ist. Durch das Einhalten der selbstgewählten Vorgaben, die einen schon ein wenig fordern sollten, entzieht man sich den Fängen der trügerischen falschen Wahrnehmung und man hat weniger Ausreden für einen Verzicht. Man garantiert hier die Beständigkeit, sofern man dieses Konzept mit dem nötigen Ernst verfolgt, und bekommt immer mehr Kondition (wie bei dem anfänglichen „Punkte zählen" auch).

Hinzukommt, dass man sich durch das Einhalten der wöchentlichen Vorgaben immer besser kennenlernt und man sich so immer mehr der Antwort nähert, wer man ist und was einem wichtig ist. So kann man sich auf die für einen wirklich wichtigen Punkte fokussieren und wird noch produktiver.

Natürlich wird es auch Phasen geben, in denen andere Aufgabengebiete einen so einnehmen, dass man bestimmte Bereiche außen vor lassen muss, aber dies ist in Ordnung und so läuft das Leben – wichtig bleibt, dass man diese Punkte nur niemals aufgibt.

So funktioniert auch letztendlich die „Positive Spirale", die durch plötzlich auftretende große Veränderungen, die mit einem Schlag die Ausgangssituation und Produktivität verschiedener Lebensbereiche zusätzlich begünstigen, beschleunigt wird. Egal, ob man eine feste Arbeit findet, man ein großes Problem überwinden kann oder durch das vermehrte Selbstvertrauen die Kraft für eine neue Partnerschaft aufbringt, die einen im Leben unterstützt oder dieses aufwertet – man wird nicht nur die Punktzahlen erhöhen können, sondern erlangt während des gesamten Konzepts immer neue Erkenntnisse, Kompetenzen und entwickelt sich weiter, was ein großer Schritt auf dem Weg zum eigenen Glück bedeutet.

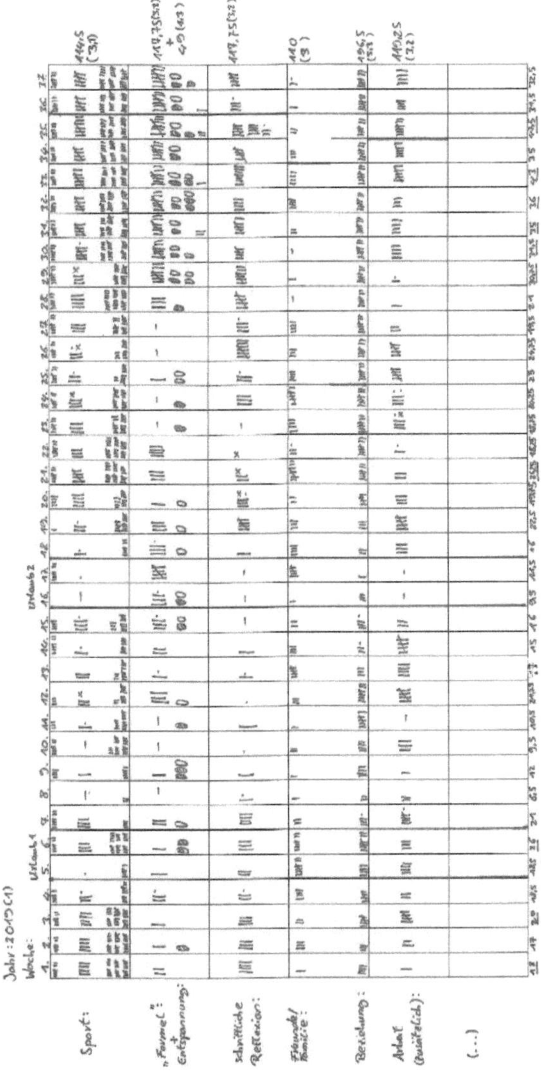

Abbildung 2: Beispiel der „Liste"

Kurze Erläuterung:

Die dargestellten Bereiche wie in diesem fiktiven Beispiel lassen sich natürlich beliebig verändern oder erweitern. In meiner persönlichen Liste gibt es beispielsweise zusätzlich noch je eine Zeile für Krankheit, Verletzung und für die Ernährung, um auch dies zu dokumentieren.

Unter jeder Spalte ist die Wochenpunktzahl aufgeführt, wobei der bisherige Höchstwert jeweils unterstrichen wurde. Aus Platzgründen sind hier nur die ersten 37 Wochen eines Jahres aufgeführt.

Unter der Gesamtzahl des einzelnen Bereichs auf der rechten Seite steht die durchschnittliche Wochenpunktzahl in Klammern. Das Erreichen von 100 Punkten wurde zudem mit einem roten Strich nach der jeweiligen Woche markiert.

Im Bereich „Sport" gibt es für sportliche Aktivitäten wie Fußball oder Laufen einen Punkt (langen Strich). Die kleinen Striche am oberen Rand stehen für Dehnungseinheiten (zu je 3 Minuten), die unteren für jeweils eine Kraftübung (zu je drei Sätzen).

Sind hier 12 Punkte erreicht, gibt es einen Punkt, für 6 Striche einen halben etc. Bleiben am Ende einer Woche bis zu zwei Striche übrig, werden diese für die nächste Woche gezählt.

Bei der „Entspannung" stehen die „Nullen" für eine bewusste Entspannungszeit, die gestrichelten „Nullen" für Leseeinheiten (die minimale Dauer beträgt jeweils eine halbe Stunde).[10]

Wie man anhand der Liste sehen kann, gibt es immer wieder Phasen, in denen man nicht alle Bereiche wie gewünscht ausfüllen kann oder ganze „Einbrüche" hat - dies ist allerdings nicht weiter schlimm. Mit der Zeit kann man wie im Beispiel zu sehen ist für gewöhnlich eine Steigerung in den einzelnen Bereichen sehen, da man immer mehr Kondition erlangt und es irgendwann schafft, das gewünschte Pensum durchzuhalten.

Die Steigerung der Punktzahl bei der Beziehung kann des Weiteren auf ganz natürliche Faktoren wie einen Zusammenzug zurückzuführen sein.

---

[10] Die „Nullen" wurden hier zu einer besseren Unterscheidungsmöglichkeit von den Strichen zur Durchführung der „Formel" verwendet.

2.7 „Sicherheit vs. Freiheit" - Der Wochenplan

Nun wird die vorerst letzte Strategie einge-führt: Eine Art Wochenplan, der die angestrebten Punkte des Alltags mit den unumgänglichen, zu er-ledigenden Aufgaben wie der Arbeit und organisa-torischen Angelegenheiten vereint und so ordnet, dass man alles unter einen Hut bekommt.

Routinen und Rituale haben im Leben den Vorteil, dass man sich an sie gewöhnen kann, sie ordnen und strukturieren den Alltag und führen dazu, dass man nicht zu müßig wird. Außerdem schaffen sie ein wenig Sicherheit, da man sich auch bei ihrer Einhaltung darauf verlassen kann, dass man sehr wahrscheinlich alles im Griff hat und sich auf einem guten Weg hinsichtlich seiner Ziele befindet.

Als wichtiger Teil des Lebens haben sie bei-spielsweise außerdem den Effekt, dass sie die Trauer nach dem Verlust eines geliebten Menschen verringern können. Durch die Rituale kann ein Gefühl der Kontrolle wiederhergestellt werden, was auch Personen zugutekommt, die der Wirkung von Ritualen selbst kritisch gegenüberstehen (vgl. Norton / Gino 2013).

Bei dem Versuch, Sicherheit herzustellen, ergibt sich zwangsläufig ein Spannungsfeld, da dies immer auch auf Kosten der eigenen Freiheit geht. Wenn man den Tag durchplant, verliert man die ungezwungene Freiheit, das zu tun, was man möchte. Daher ist es notwendig, genügend

Freiraum einzuplanen, damit man eine günstige Balance zwischen Sicherheit und Freiheit herstellen kann.

Nicht zu vergessen ist, dass auch Routine zu Freiheit führt, da man durch die hinzugewonnenen Kompetenzen und durch die allgemeine Weiterentwicklung Handlungsoptionen gewinnt, während die obligatorischen Aufgaben des Lebens wie die Arbeitstätigkeit und die Hausarbeit sicher und beständig durchgeführt werden, ohne dass vermeidbare Komplikationen auftreten.

Planmäßige Routinen und Rituale haben darüber hinaus noch weitere Vorteile: So kann sich der Körper an den regelmäßigen Tagesablauf gewöhnen, was der Psyche und der allgemeinen Gesundheit gut tun wird. Nach der durchgeführten Arbeit werden täglich zusätzlich Freiräume geschaffen, sodass man Phasen hat, an denen man entspannen und das tun kann, was man möchte — ohne, dass man das Gefühl bekommt, dass noch zu viele unerledigte Aufgaben auf einen warten würden. Ein weiterer Vorteil ist, dass die notwendigen und gewünschten Aufgaben wirklich erledigt werden.

Mit einem vernünftigen Plan schafft man die Balance zwischen „Sicherheit und Freiheit". Das bedeutet, dass man von den Aufgaben nicht überfordert wird, und trotzdem genau den leichten Druck bekommt, der notwendig ist, damit das Geplante erfüllt wird.

Mit der Zeit wird es immer einfacher, geplante Aktivitäten auch umzusetzen - dabei muss man sich immer prüfen, denn der Körper neigt dazu, sich der Arbeit immer wieder zu entziehen und „Energie zu sparen". Abschließend verbleibt der letzte Vorteil: Nahezu jeder stellt sich einen bestimmten Alltag vor, wie man gerne leben würde und wer man gerne sei - Ein sinnvoll geplanter Wochenrhythmus stellt nun die Chance dafür dar, sich auf den besten Weg zu begeben, der zu werden, der man wirklich sein möchte.

2.7.1 Zum Aufbau des Tages- und Wochenplans

Im Anschluss an die nachfolgenden Erklärungen werden in Punkt *2.7.4 Beispiele eines Wochenplans* zwei Beispiele eines Wochenplanes angeführt, aus denen sich ein jeweiliger Tagesplan ablesen kann.

In den Plänen wird zu Beginn eine Einteilung in drei verschiedene Situationen unternommen: Den Arbeitstag, das Wochenende und die Urlaubszeit. Da man schon unlängst herausgefunden hat, dass es nicht nur der gesamten Gesundheit dient, wenn man an einem Tag der Woche mal zur Ruhe kommt und nicht arbeitet, nichts geplant hat und sich entspannt, sollte man sich am Wochenende zumindest einen Tag aussuchen, an dem man sich Freiräume schafft.

Auch bei dem Ziel der gesteigerten Produktivität wäre man ohne diese Pause nicht produktiver, und man würde mit langfristigen negativen Konsequenzen rechnen können (So gesehen sollten am Wochenende nur entspannende, „schöne" Aufgaben vorgesehen werden, die optional bleiben sollten – wenn überhaupt etwas wie im unten angeführten Beispiel geplant werden sollte). Dass die Zeit des Urlaubs ebenso eine außerplanmäßige Zeit darstellt, in der andere Vorgaben gelten dürften, ist dabei offensichtlich.

Je nach Tagesform gibt es verschiedene Phasen, die nachfolgend in groben Zügen erläutert werden:

Geht man von vier verschiedenen Phasen des Tages zwischen den Schlafenszeiten aus, stellt die **erste** bei den meisten Menschen die des Arbeitsalltages dar, während oder nach der man zusätzliche Arbeiten erledigen kann (z. B. Einkaufen, kurze Bewegungspausen o.ä.).

Die **zweite** Phase wäre hier eine Phase mit einer festgelegten Zeitvorgabe, in der man gewisse Aufgaben erledigt, wenn man nach Hause kommt. Dazu gehören Tätigkeiten, die täglich anfallen, unterschiedlich hohe Grade an Konzentration erfordern und von unterschiedlicher Dauer sind.

Um keinen zu hohen Druck zu erzeugen, und da man darüber hinaus festgestellt hat, dass man sich nicht viel mehr als ein halbes Dutzend Aufgaben für den Tag vornehmen sollte, da dies sonst zu viel sei und man leicht von den Aufgaben überfordert sein könnte, kann diese Phase eine Art Umgehungsstrategie darstellen. In dieses Zeitfenster von ungefähr einer Stunde werden Aufgaben eingebaut, die routinemäßig direkt nach der Arbeit durchgeführt werden, zuzüglich weiterer anstehender Aufgaben, wobei hier zunächst nur auf die Dauer einer Stunde geachtet wird.

Möglichkeiten wären hier beispielsweise das Gebet, einige Sportübungen oder ein täglicher Teil der Hausarbeit. Da hier ein Gewöhnungsprozess eintritt, lohnt sich diese Phase, um Struktur in den Tag zu bringen und um einen anschließenden

Freiraum zu schaffen. Das Gefühl, in dieser zweiten, kurzen Phase des Tages nicht viel zu denken und „einfach zu machen", kann auf Dauer eine entlastende Atmosphäre erzeugen.

Am besten gelingt dies, wenn man sich hier einige Strategien antrainiert, die einem helfen, diese Phase leichter oder sogar mit mehr Genuss auszuführen – was mir beispielsweise geholfen hat, war, eine Stoppuhr zu stellen, Musik zu hören und das Gefühl, in dieser einen Stunde für niemanden erreichbar zu sein.

Die **dritte** Phase betrifft all die Sachen, die in der Woche erledigt werden müssen (Arbeit, Hausarbeit), und die Aktivitäten, die man sich vorgenommen hat (Sport, Entspannungsphasen, Hobbys, soziale Kontakte). Wichtig ist hier eine sinnvolle, machbare, und vor allem abwechslungsreiche Einteilung vorzunehmen.

Die **vierte** Phase stellt quasi eine Erweiterung der dritten Phase dar, da der übliche Tagesablauf wie folgt aussieht: Arbeit, Hausarbeit, Freizeit. Wenn man es schaffen würde, all diese Phasen ohne allzu große „Zeitfresser" anzugehen, blieb für den Abend in jedem Fall noch weitere Zeit übrig. Im angeführten Beispiel besteht die vierte Phase aus Aktivitäten, die eine entspannende Wirkung haben sollen.

Während die nötigen Aufgaben der Hausarbeit und der Arbeit unter der Woche erledigt werden, sind für das Wochenende diejenigen Aktivitäten vorgesehen, die mich am wenigsten unter Stress setzen und am angenehmsten sind. Zwar wäre es auch eine Möglichkeit gewesen, sich für diese Zeit generell nichts vorzunehmen, doch habe ich mich beispielsweise dafür entschieden, auch hier regelmäßig bestimmten Hobbys nachzugehen oder Freunde und Familie zu treffen.

Die persönliche Erfahrung, die zu dieser Entscheidung geführt hat war die, dass ich jedes Mal, wenn ich mich einen ganzen Tag einfach entspannen und nichts tun wollte, mir dies einfach nie gelang. Und so konnte ich mich immer dann am besten entspannen, wenn ich am Tag aktiv war, sozialen Kontakt hatte, etwas entdeckt, gelesen und/oder Sport gemacht habe.

War dies der Fall, hatte ich nicht nur einen schönen Tag, sondern konnte mich am Abend viel besser entspannen – dies ist auch der Grund, warum ich mir für das Wochenende einige Aktivitäten vornehme, die allerdings immer optional und ohne Druck bleiben.

Da bei diesem Plan natürlich jeder wieder selbst entscheiden kann, wie er hier verfahren möchte, sollte man vor der Erstellung herausfinden, was für ein Tagesablauf für einen selbst am vorteilhaftesten ist.

2.7.2 Anmerkungen zu den Aktivitäten

Damit bei den geplanten Aktivitäten eine gewisse Routine vorherrscht, habe ich mir vorgenommen, dass ich unter anderem pro Woche folgendes erledige:

- Zusätzlich zur regulären Hausarbeit versuche ich an einem Wochentag innerhalb einer festgelegten Stunde, weitere angefallene Aufgaben zu erledigen, die in der Zeit, die ich mir täglich nach der Arbeit nehme, nicht bewältigen werden konnten

- Im sportlichen Bereich absolviere ich jeden Tag 4 Sportübungen zu drei Sätzen, 3 Minuten Dehnübungen, eine Minute Entspannungsübungen für den Rücken und eine weitere am Boxsack, was insgesamt ca. zehn Minuten dauert; dazu gehe ich zweimal wöchentlich ca. 5 km Laufen

- Im reflexiven und verarbeitenden Bereich werden jeden Tag kurze Phasen der Reflexion abgehalten und es wird versucht, über alles Wichtige zu reden; mindestens drei Mal die Woche findet das Schreiben an den Aufsätzen oder an Dingen, die mich beschäftigen/belasten statt, wobei die Dauer jeweils eine halbe Stunde beträgt

- Im Entspannungsbereich wird täglich die „Formel" durchgeführt; dazu kommt mindestens zweimal die Woche ein Spaziergang; einmal eine Phase von mindestens einer halben Stunde der Entspannung (diese Phase, bestehend aus dem entspannten Hören von Musik, einem Sonnenbad o.ä. sollte so oft wie möglich durchgeführt werden); das Lesen im Abendbereich vor dem Schlafengehen; und mindestens zweimal die Woche ein entspannter Film- oder Serienabend mit gutem Essen

- Im Bereich der sozialen Interaktion kommt zum alltäglichen Kontakt mindestens je einmal die Woche der Kontakt zur Familie und zu Freunden hinzu (nicht zu vergessen die soziale Interaktion in verschiedenen Alltagsgesprächen, über digitale Medien und dem Telefon)

2.7.3 Anmerkung zur Einhaltung des Wochenplans

Wie bei den anderen Strategien auch, ist der Wochenplan zu Beginn eine grobe Vorgabe, an die man sich erst gewöhnen muss. Außerdem muss man diesen individuell gestalten und kann ihn noch anpassen.

Je nach persönlicher Problematik kann er eventuell nicht sofort ohne Versäumnisse durchgehalten werden. Dies wäre beispielsweise der Fall, wenn man „ausgebrannt" ist und nur langsam wieder ins geregelte Leben zurückkehren kann.

Eine private Anmerkung zum abgebildeten Wochenplan ist, dass ich diesen inzwischen zwar sehr beständig einhalte, aber dass dies wie bei der „Liste" nicht ohne Einbrüche oder Startschwierigkeiten gelang.

So kommt es auch heute noch vor, dass der Wochenplan oder einzelne selbstgesteckte Ziele in der „Liste" nicht immer eingehalten werden können. Im Durchschnitt eines Jahres kann man aber sehen, dass es durchaus möglich ist, Versäumnisse in „guten Zeiten" wieder nachzuholen.

Es kann auch geschehen, dass man an einen Punkt kommt, an dem alles gut funktioniert, und dass man es aus unerfindlichen Gründen plötzlich trotzdem nicht mehr schafft, zum Beispiel ausreichend die schriftliche Reflexion durchzuführen, sodass auch in der Liste eine größere Lücke klafft. Maßgeblich ist hier, dass man nicht aufgibt, sich weiterhin auf die anderen Felder konzentriert und Strategien ausprobiert, um auch dieses Feld wieder zu erfüllen – denn irgendwann wird es wieder funktionieren.

2.7.4 Beispiele eines Wochenplans

Wochenplan – Beispiel 1:

Zeit-ebene	Arbeitswoche (Mo-Fr)	Wochenende (Sa-So)	Urlaubswoche
1	Formel*5 Arbeit*5 Weitere Arbeitsaufgaben*5 schriftliche Reflexion*3 Korrekturen/Veranst.*1,5	Formel*2	Formel*7 (Reise)
2	Hausarbeit 1*5	Hausarbeit 1*2	Hausarbeit 1*7
3	Hausarbeit 2*1, weitere Hausarbeit X*1, Sport*1	Sport*1, Freunde/Familie*2	Hausarbeit 2*1, Sport*1, schriftliche Reflexion*1, Freunde/Familie*1
4	Entspannung*5	Entspannung*2	Entspannung*7

Wochenplan - Beispiel 2:

Zeit-ebene	Mo	Di	Mi	Do	Fr	Sa	So	U.-Tag:
1	F A1+2 A3	F A1+2 A3	F A1+2 sR	F A1+2 sR*2	F A1+2	F	F	F (Reise)
2	Ha1	Ha1	Ha1	Ha1	Ha1	Ha1	Ha1	Ha1
3	(siehe Zeit-ebene1)	(siehe Zeit-ebene1)	SP	X	Ha2	E-Spaz	SP/Fam	0-1 Akt.
4	E-Spaz	E-L	E	E-L	E-Film	Fr	E-Film	E

Zu den Abkürzungen:

F: Das Durchgehen der Formel
A1-3: Arbeit (1) und weiterführende Arbeiten während (2) und nach (3) dem Arbeitsalltag;
Ha1: Die „Stunde", die für alltägliche Aufgaben im Haushalt vorgesehen ist; Ha2: Putzen und Einkaufen; X: Die liegengebliebene Hausarbeit;
Sp: Sportliche Aktivität; sR: schriftliche Reflexion; Fr: Freunde; Fam: Familie;
E: Entspannungssituation; E-Spaz: Spaziergang; E-L: Lesestunde; E-Film: Filmabend

Abbildungen 3 und 4: Darstellungsformen eines Wochenplans

Teil 3 - Die Suche nach sich und zum Glück

3.1 Die Suche nach sich und den Zielen

Im ersten Teil wurde schon viel geschafft. Jetzt geht es darum, die Formel zu verfeinern und mit persönlichen Zielen sowie Stärken, auf die man sich konzentrieren kann und die einem Selbstvertrauen geben, zu ergänzen. Dazu muss man sich an den nächsten Schritt heranwagen.

Dieser besteht daraus, sich selbst zu finden, herauszufinden, welche Probleme, Komplexe und Konflikte man immer noch mit sich herumschleppt, wie man einen Weg finden kann, zu verzeihen und Probleme zu überwinden, was man im Leben erreichen und wie man leben möchte.

Um sich seinen Ängsten und seiner Vergangenheit zu stellen, muss man nicht nur tief in sich gehen und reflektieren, man muss ebenso einen Perspektivenwechsel vornehmen und sich von seiner Wahrnehmung lösen.

Da sich im Laufe des Lebens vieles ansammelt, man eine selektive Wahrnehmung besitzt und für eine Veränderung des Lebensstils auch in Teilen eine geänderte Weltanschauung von Nöten ist, ist dieser Bereich sicherlich langwierig und mit großen Anstrengungen verbunden. Anstrengungen, die sich allerdings lohnen werden.

Die Ergebnisse werden das eigene Leben bereichern, da man durch die Selbstakzeptanz mehr Selbstbewusstsein erlangt und man sich fokussierter auf seine Ziele konzentrieren kann.

Zu den Zielen

Wenn man sich Ziele setzt, muss man natürlich bedenken, dass dem Menschen hier Grenzen gesetzt sind, alles Gewünschte auf einmal umzusetzen. In vielen Studien hat man so viele nützliche Erkenntnisse sammeln können.

Zum Beispiel, dass es motivationsbedingt günstiger ist, sich seine Ziele individuell selbst zu wählen statt vorgegebenen Zielen zu folgen, was nicht nur in der Arbeitswelt von Vorteil wäre (vgl. Goerg / Kube 2012).

Was der Formel zumindest anfänglich entgegenzustehen scheint ist, dass es weniger vorteilhaft sein kann, gleich mehrere Änderungen von alten Angewohnheiten vorzunehmen, da es effektiver zu sein scheint, sich in einem Bereich zunächst auf nur eine Änderung zu konzentrieren (vgl. Verhoeven 2013).

Als Strategie kann man jedoch neue Angewohnheiten implementieren oder dies zumindest langfristig versuchen, da in der Formel zwar viele Ziele formuliert werden, aber nicht alle zugleich eingehalten werden müssen, was den Druck der Einhaltung jedes Vorhabens nimmt und man dauerhaft in verschiedenen Bereichen Erfolge erzielt.

Wer merkt, dass er sich beispielsweise bei der Formulierung mehrerer Ziele in einem Bereich überfordert fühlt, kann natürlich hier reduzieren und sich so seinem Ziel etappenweise nähern. Das Schmieden von Plänen kann auch dann kontraproduktiv sein, wenn man diese zu hoch ansetzen würde, da sie in der Folge belastend wirken können und in zu weiter Ferne erscheinen würden.

Die Konsequenz wäre hier die Untergrabung der eigenen Motivation. Dem kann man jedoch entgegenwirken, indem man seine aktuelle Situation richtig einschätzt und darauf achtet, dass die gewünschten Fortschritte in greifbarer Nähe sind, damit sich relativ schnell Erfolgserlebnisse einstellen (vgl. Townsend / Liu 2012).

Dementsprechend sollte nicht vergessen werden, dass man seinen Arbeitsfokus sinnvoll so ausrichtet, dass die bestmögliche Motivation gegeben ist. So hat man festgestellt, dass man bei zu bearbeitenden Zielen seine Aufmerksamkeit entweder auf das schon Erreichte (zu Beginn) oder das noch zu Erreichende (am Ende) legen sollte, da die Motivation am höchsten ist, wenn man hier jeweils auf den kleineren Wert achtet (vgl. Koo / Fischbach 2012).

Zur Erreichung des Ziels, derjenige zu werden, der man sein möchte, benötigt man in aller Regel viele Änderungen, von bestimmten Verhaltensweisen bis hin zur Erledigung regelmäßiger Aufgaben. Hier bleibt festzuhalten, dass sich die Motivation vor allem in den allgemeinen Erfolgserlebnissen und damit einhergehenden Lebensveränderungen sowie positiven Erlebnissen ausdrückt. Diese sieht man unter anderem in den sich ändernden Punktzahlen der einzelnen Wochen, die anzeigen, dass man immer produktiver wird.

Bisher sollte Folgendes geklärt sein:

- Die eigenen Gedanken zu der Funktionsweise von Menschen und der Gesellschaft, in der wir leben

- Die Klärung, ob man an eine mögliche
Existenz Gottes glaubt – hier gilt zu beachten, dass man sich natürlich alle Möglichkeiten offenhalten kann. Ob man
letztendlich gläubig ist oder nicht, scheint
jedoch eine Sache zu sein, die man nicht
immer großartig steuern kann

- Welche Aufgabe man als Mensch hat und
was für einen selbst der Sinn des Lebens
darstellt (meiner Argumentation muss
man dabei nicht folgen)

- Man sollte sein Leben in die für einen
selbst relevanten Bereiche aufgeteilt und
versucht haben, geeignete Strategien für
ein produktiveres Leben auszuprobieren

Wichtige Punkte, die nicht vergessen werden sollten:

- Aufgrund der Komplexität des Lebens hat jeder Mensch Situationen der Trauer, Enttäuschung und des Leids erfahren. Außerdem besitzt jeder Mensch Schwächen, Komplexe oder unverarbeitete Probleme

- Diesen Rucksack an Problemen, den jeder mit sich trägt, wiegt nicht nur schwer, sondern beeinträchtigt auch die Wahrnehmung

- Um mit einem Thema oder einem Konflikt abzuschließen und genügend Energie für die wichtigen Dinge im Leben zu haben, sollte man lernen, geeignete Strategien zu finden

- Das Leben ist schmerzlich. Seine Probleme erst einmal festzustellen und die Bemühung, mit den nächsten Strategien voranzukommen wird einem viel abverlangen, da all diese Themen mit sehr viel Emotionalität verbunden sind – je nach Situation oder Zustand sollte man sich daher immer Hilfe holen, wenn man diese benötigt – vielleicht auch schon von vorne herein

Folgende Fragestellungen gilt es in der nächsten Zeit zu beantworten, wobei die anschließenden Kapitel eine Hilfestellung sein werden:

- Was ist mir im Leben besonders wichtig?

- Was möchte ich in meinem Leben erreichen? Wie stelle ich mir meinen idealen Lebensalltag vor?

- Was sind meine Stärken und Schwächen? Wie schaffe ich es, mich selbst in einem realistischen Licht zu sehen und ein qualitatives Feedback aus meinem Umfeld zu erlangen?

- Wie schaffe ich es, mich zu motivieren und welche Strategien sind für mich geeignet?

- Wie schaffe ich es, mich zu entspannen? Welche Möglichkeiten der Entspannung sind für mich am günstigsten?

- Wie schaffe ich es, mit anderen in Kontakt zu treten?

Außerdem entscheidende Fragen stark emotionaler Art:

- Was gibt es aus meiner Vergangenheit zu verarbeiten?

- Welche Situationen taten mir besonders weh? Wann habe ich mich besonders unwohl gefühlt und wann tritt dieses Gefühl noch heute auf?

- Welches Verhalten habe ich mir in der Vergangenheit von meinen Eltern, der Familie, dem Partner und den engsten Freunden, aber auch von der Gesellschaft gewünscht? Was wünsche ich mir von den einzelnen Personen heute?

- Was sind meine „Komplexe" (Aussehen, Verhalten etc.)?

Und zum Schluss die wichtigste Frage, die sich eines Tages im Laufe der Formel fast von selbst beantwortet:

- Wer bin ich und was macht mein Leben aus?

Dies sind eine Menge Fragen, die es zu beantworten gilt. Während man sich entwickelt, werden sich auch Antworten auf bestimmte Fragen verändern. Das Ganze stellt also einen dynamischen Prozess dar.[11]

---

[11] Bei der entscheidenden Fragestellung nach sich selbst kann es hilfreich sein, wenn man versucht, diese Frage von grundlegenden Punkten ausgehend zu beantworten, indem man sich darauf bezieht, was einen als guten Menschen auszeichnet, worin man Wissen oder Kompetenzen hat und was an einem besonders ist. Wie in einer gedanklichen Mind Map sind Erweiterungen möglich und erwünscht.

Hinweis zur Beantwortung der Fragen zu sich selbst

Wie schon geschrieben, sollte man sich, bevor man sich mit solch sensiblen Fragestellungen auseinandersetzt prüfen, in welcher Verfassung man sich befindet - ob man also mit solchen Fragen zurechtkommen würde. Ist dies nicht der Fall, sollte man die zu emotionalen Fragen erst einmal auslassen und sich hierbei externe Hilfe holen, da **die Formel** viele Funktionen und Vorteile erfüllen kann – doch wie eingangs auch beschrieben, **keine notwendige Therapie ersetzen kann**.

3.2 Konflikte und Verzeihen

Insbesondere bei Konflikten macht es Sinn, **die Situation auf die allgemeine Gegebenheit herunterzubrechen**, eine **andere Perspektive einzunehmen** und im Anschluss zu versuchen, **zu verstehen und zu verzeihen**.

Wenn man beispielsweise das Gefühl hat, von einem Freund nicht genügend wertgeschätzt zu werden, dann ist diese Empfindung an bestimmte Vorkommnisse gebunden und man ist zum Beispiel wütend oder traurig.

Hier kann es helfen, für sich zu klären, warum Menschen im Allgemeinen bestimmte Verhaltensweisen wie diese an den Tag legen und worum es im Kern geht, dass dies verschiedene Ursachen haben kann und millionenfach jeden Tag passiert.

Wenn man bedenkt, dass dieses Verhalten in erster Linie nichts mit einem selbst zu tun hat, kann man diese Situation vielleicht eher verstehen und dem Freund verzeihen, wobei man den Konflikt noch immer klären sollte.

Vieles, was einen beschäftigt hat mit besonders emotionalen Erlebnissen zu tun, sodass ein großer Teil der Kontroversen auf wenige übergeordnete Themen eingegrenzt werden kann. Meist geht es um

- Liebe und Gewalt
- Anerkennung (auch Aussehen, Erfolg etc.)
- Die Übersteigerung des Ganzen durch die Emotionen

Dabei spielen in erster Linie nahe Verwandte, Freunde und Beziehungspartner eine große Rolle.

Weitere Hinweise, die hier bedacht werden sollten, werden nun kurz erläutert:

- Ich denke, dass alle Konflikte geklärt werden sollten, bis zu dem Zeitpunkt, an dem man mit diesen oder ähnlichen Situationen so erfahren ist, dass man darübersteht, die übergeordnete Motivation und Situation dahinter erkennen kann und sich und seiner Art, aber auch anderen, vergeben kann.

  Dies geschieht in dem Wissen, dass man sein Bestes versucht, und die Situation so reflektiert, dass man am Abend gut schlafen kann. Dazu gehört nicht nur Übung, sondern auch eine Entwicklung bezüglich des eigenen Verhaltens.

  Es kommt dabei nicht darauf an, wie lange man es versucht oder wie alt man ist, sondern darum, dass man solange übt bis man es schafft

- Wenn man nicht die Liebe oder die Anerkennung erhält, die man sich wünscht, kann man versuchen, zunächst die Situation wie oben beschrieben auf das Generelle herunterzubrechen.

  Gerade in hochemotionalen Situationen, zum Beispiel bei Gewalt in der Erziehung oder wenn man verlassen wurde, ob von einem Partner oder einem Elternteil, fällt es oft schwer, die grundsätzliche Ebene zu durchleuchten. Denn wie in der Gesellschaft hat das Verhalten des anderen in solchen Situationen oft nur wenig mit einem selbst zu tun.

Es gibt verschiedene Persönlichkeiten, die nicht immer rational handeln und Lebenswege, die Einfluss auf das Denken haben können; und vor allem gibt es individuelle Gründe, warum Menschen Dinge tun oder sie ausbleiben lassen

• Man sollte die grundlegenden Verhaltensweisen des Menschen und die Komplexität des Lebens nie unterschätzen. So sind Menschen vornehmlich mit sich selbst beschäftigt, und weil das Leben nicht leicht ist, ist es oft mühsam, mit diesem und sich selbst klarzukommen.

Viele Menschen meinen ihre Taten nicht böse, oder es fällt ihnen vielleicht gar nicht auf, was sie tun. Vieles ist dabei trotzdem nicht zu entschuldigen. Wir leben in einer Welt, in der Menschen unterschiedliche Wahrnehmungen besitzen und Dinge verdrängen, ob schwere Krankheiten oder nicht bezahlte Rechnungen.

Manche verspielen unglaubliche Chancen in ihrem Leben, die nicht sein müssten, zumal die Konsequenzen vorab abzusehen sind. Andere verlassen diejenigen, die sie am meisten lieben oder tun ihnen

Gewalt an. Und die Gründe sind hier so vielfältig wie die Anzahl der Jahre, in denen solche Dinge im Verlauf der Menschheit geschehen. Manchmal, weil man mit sich selbst nicht zurechtkommt, manchmal, weil die Situation einen überfordert, weil man psychische Störungen hat oder (momentan) nichts mehr fühlen kann. Damit man selbst nicht vom Leben überwältigt wird, muss man sich immer prüfen und an sich arbeiten, denn am Ende ist man nur selbst für sich wirklich verantwortlich

- Es gilt bei Auseinandersetzungen immer zu versuchen, auch die andere, die gute Seite zu sehen – die, die gerade nicht da ist oder nie dagewesen zu sein scheint. Egal wie versteckt diese Seite ist, unter wie viel Hass oder schlechten Taten diese begraben sein mag, so gibt es sie; auch dann, wenn man ab einem bestimmten Punkt nicht mehr versuchen muss, sich zu versöhnen

- Zu verzeihen bleibt wichtig, und das nicht nur auf der persönlichen Ebene. Zum Beispiel, dass es traurig ist, dass ein Mensch so etwas tut, und seine Prüfung so nicht bestehen kann.

Auch wenn man mit etlichen Taten niemals einverstanden sein kann, vielleicht auch nicht auf jeder Ebene verzeihen kann, so kann man doch seinen Frieden machen. Verzeihen bedeutet dabei nicht, dass man beispielsweise bei Freundschaften nach dem Verzeihen den Kontakt halten muss. Man kommt meiner Ansicht nach zudem nur von Geschehnissen los, wenn man diese weiterhin als ein Teil seines Lebens akzeptiert

- Das Akzeptieren ist somit auch ein Teil des Verzeihens. Akzeptieren muss man schon alleine deswegen, weil das Leben nie so ist wie man es sich wünscht oder wie man es sich vorgestellt hat. Es kommt nicht nur anders, sondern bringt wiederkehrend Enttäuschungen mit sich. Die Frage ist jedoch, was es denn gibt, worauf man stolz ist und was man am Leben und an sich selbst mag

- Selbstliebe und Dankbarkeit sind für das Leben ungemein bedeutsam. Jeder Mensch glaubt in bestimmten Bereichen, etwas besonders zu sein. Und jeder Mensch findet an verschiedenen Dingen gefallen. Dafür lohnt es sich, dankbar zu sein. Was mag man im Leben, was findet man schön, was ist interessant, was hat man gelernt, welche Fähigkeit will man noch erwerben, was sehen oder entdecken?

Wichtig ist hier, die kleinen Dinge schätzen zu lernen, zum Beispiel die hellgrünen Blätter der Pflanzen und Bäume am Frühlingsanfang oder auf den ersten Blick scheinbar Hässliches wie bestimmte Häuserfassaden, die einem selbst aber eventuell irgendwie gut gefallen. Wenn man sich darauf konzentriert, was einem selbst gefällt, kann man lernen, die Welt wertzuschätzen.

Jeder hat etwas, was er an sich gut findet oder als gut anzusehen ist, egal welche Eigenschaft dies auch sein mag, jeder hat etwas gelernt und jeder hat etwas Äußerliches an sich, was ihm gefällt oder schön ist - dies gilt es in den Vordergrund zu stellen

- Auf das, was man bisher überstanden und wie weit man es geschafft hat, kann man stolz sein. Wichtig ist, Ziele zu haben und weiterkommen zu wollen. In gleicher Weise gilt es, Phantasie zu entwickeln, Lösungen zu erproben und nie aufzuhören, zu hoffen und es zu versuchen. Auf seinem Weg lernen, zurecht zu kommen und das Gute sehen, auch wenn es sonst dunkel um einen herum ist.

  Dies zu abstrahieren, deshalb auch verzeihen lernen, und das Leben als Kampf sehen, dem man bis zum Ende entgegentritt.

- Auf Liebe hoffen, aber nicht das Schaf, sondern der Schäfer sein. Das Leben verstehen und in Angriff nehmen, Erkenntnisse sammeln und Ziele erreichen. So lange an den eigenen Zielen und Hoffnungen festhalten, bis man sie letztendlich erreicht - und so Stück für Stück immer weiter zu der Person zu werden, die man sein will

- Schafft man es, an sich zu arbeiten und zu verzeihen, dem Leben und sich selbst, das Schöne zu sehen und sich zu lieben, dann werden es irgendwann auch andere tun.

Wenn man sich am Anfang noch an Vorbildern orientiert und sich Rückhalt holt, man sich wünscht, es wenigstens ein bisschen so zu haben kann wie viele andere; wenn man vielleicht nicht viel sieht, was überhaupt gut oder schön ist - so kann man an dem Wenigen doch festhalten und beharrlich weitermachen.

Am Ende wird man keine Vorbilder mehr brauchen, man wird selbst die Person, die man sein möchte, liebt dieses schöne, traurige, eigene Leben und man wird fast plötzlich feststellen, dass man endlich zu sich gefunden hat

3.3 Empfehlungen

Nachdem man angefangen hat, sich mit seinen Konflikten und Ängsten, Sehnsüchten und Hoffnungen, Zielen und der Liebe zu sich selbst, aber auch zu seinem Umfeld zu beschäftigen, ist man natürlich noch nicht am Ende dieses Weges angekommen und muss sich weiterhin mit diesen Themen beschäftigen.

Da dieser Weg lang und steinig energiezehrend und bisweilen ungewiss sein kann, sind noch weitere, nachfolgende Empfehlungen zu beachten, um seiner Bestimmung gerecht zu werden:

- Reflektiere dich und deine Ziele immerzu, aber auch den Fortschritt und was du schon geschafft hast. Achte dabei darauf, dass dies ein produktiver Prozess bleibt und nicht zu zeitraubend wird. Wenn Vorhaben nicht gelingen, versuche herauszufinden, warum dies so ist und versuche, Strategien zu finden und Einfluss auf deine unterbewusste, emotionale Verfassung zu gewinnen

- Prüfe nicht nur dich, sondern auch die Leute in deiner Umgebung. Es sollten vor allem Menschen sein, die dir am Herzen liegen – und so sollte es auch umgekehrt sein; außer es handelt sich um die enge Familie, zu der es einen Zugang zu finden gilt, sofern dies nicht gravierende Gründe verhindern.

Außerdem sollten es „positive" Leute sein. Diejenigen, die ähnliche Ziele haben, die produktiv und herzlich sind, die dich nicht nach unten ziehen oder zu negativ eingestellt sind. Auch wenn es schwerfällt: Da jeder für sich verantwortlich ist und es manchmal gut zu tun scheint, wenn man jammert oder nörgelt, ist dies der falsche Umgang, der einen selbst und sein vorankommen behindert – hast du nach einem Treffen mit einer Person immerzu ein schlechtes Gefühl, halte dich künftig fern von ihr

- Lerne auch in der sozialen Interaktion die Balance zu halten: Sei niemals zu schüchtern, sei nicht zu lieb und werde kein „Ja-Sager" (dann respektiert dich niemand und du dich bald auch nicht mehr). Lasse dich niemals zu einer angriffslustigen oder aggressiven Haltung hinreißen. Diese Fassade fällt mit dir ein (ein solches Verhalten symbolisiert keine Stärke. Niemand wird dich mögen, auch du dich selber nicht).
Versuche, du selbst zu sein, finde deine sensible, sanftmütige, harte und lockere Art und bastle solange an deinem Verhalten, bis eine Balance entsteht, in der du selbst bist, und mit der du es schaffen kannst, dir und allen deinen Emotionen in der Gesellschaft einen vernünftigen Platz zu verleihen

- Kämpfe für deine Ziele und beginne damit, sie umzusetzen. Die Theorie alleine bringt dich nicht weiter. Kleine Schritte und die Zählmethode können hilfreich sein, und lassen sich durch weitere Strategien ergänzen

- Fange an, dich zu lieben, dich gut zu finden und an den positiven Dingen festzuhalten. Die Welt ist wunderschön, und es sind die kleinen Dinge, die am Ende nur anfänglich klein erschienen. Eine Blüte, ein Lächeln oder eine kleine Geste mögen nichts Besonderes sein – aber dies ist Ansichtssache.
Wer sich über die „kleinen Dinge" nicht freuen kann und sie wirklich nur als klein und unbedeutend ansieht, der kann es nie schaffen zufrieden zu werden

- Denke daran, nicht zu sensibel zu sein: Niemand interessiert sich für den anderen, auch nicht für sein Aussehen oder sein Verhalten, da jeder in erster Linie an sich denkt. Jeder hat Probleme (auch Krankheiten, eine schlimme Vergangenheit, Komplexe und Ängste), aber die zeigt natürlich niemand, denn man muss stark sein in der Gesellschaft.
Da dies so ist, sind viele Menschen auch im Allgemeinen unsicher, und dies wird unter anderem durch Lästerei, Mobbing (die meisten sind nur Mittäter, weil sie Angst haben, selber Opfer zu werden) und durch „blöde" Kommentare zum Ausdruck gebracht.

Diese Dinge zeigen wie viele Konflikte und Gereiztheiten, zum Beispiel in der Arbeitswelt, ihre instabile Balance und Verunsicherung. So liegt der tiefere Grund für das Verhalten zumeist in anderen Problemen und Ursachen als in der Person, dem Vorfall oder der Sache, die gerade Gegenstand der Diskussion ist.

Bei aller Strategie, Vernunft und Härte sollte man nie vergessen, dass man andere auch so nehmen muss, wie sie sind, dass man sich auch zurückhalten muss, abwarten und locker bleiben. Ebenso, dass Gutmütigkeit und Hilfsbereitschaft, sofern sie möglich sind, auch einem selbst viel zurückgeben.

Denn in der Regel kommt man friedlich, sofern man einigermaßen geschätzt wird (was durch Sympathie und Kompetenz möglich ist), besser durch das Leben, man hat mehr Freude und vor allem gibt einem die Hilfe anderer Menschen und das Vergeben viel zurück, denn dies ist ein weiterer Schlüssel zum Glück.

- Übernimm Verantwortung für dich und dein Leben: Auch wenn du meinst nicht alles können zu müssen, lerne so oft und so gut es dir gelingt, im Alltag wie im Leben, lerne, völlig unabhängig zu sein. Setze dich mit deinen Fehlern, Komplexen und Taten auseinander: Vergib dir, mache wieder gut, werde ein besserer Mensch, akzeptiere dich und arbeite an dir. Vergiss nicht, dass jeder etwas verbessern kann und Fehler hat – man muss sie einsehen und daran arbeiten

- Schenke den folgenden Dingen im Leben besondere Aufmerksamkeit und Respekt: **Phantasie** (die in ihr liegende Schönheit und Kraft, sich etwas vorzustellen, das Verreisen im Kopf, das Hinwegträumen zu schönen Orten, das Abtauchen in eigenen Welten), **Wahrnehmung** (die Konzentration auf das Gute; das Schöne im stressigen, kalten Alltag zu entdecken; in jedem Menschen auch etwas Gutes zu sehen), **Dankbarkeit** (vor allem für die sonst so selbstverständlichen Dinge; auch als Basis für die Selbstliebe), **Verknüpfung** (des Wissens - auch gepaart mit den unendlichen Möglichkeiten der Phantasie), **Kreativität** (im Lebensalltag und im Umgang mit den Erfahrungen, auch, um Lösungen zu finden), **Erinnerung** (die Kraft des Erlebten und die Fähigkeit des Gehirns, vor allem schöne Dinge zu speichern, in die man wiederholt eintauchen kann und die einem Kraft geben können),

Erfahrung (die der Entwicklung zuträglich ist, zukünftig Fehler zu vermeiden und Erlerntes in die anderen Bereiche einfließen zu lassen) – die Kombination dieser Dinge ist einer der Schlüssel zum Glück.

Wichtig ist aber auch, dass man bei der Dankbarkeit und dem Sehen des Guten in jedem Menschen nicht vergisst, dass man die Balance hält: Man darf sich nicht ausnutzen lassen und die andere, fehlerhafte Seite des Menschen nicht vergessen. Mitleid darf nicht die Vernunft auffressen. Man soll nicht hassen, aber auch nicht zu weich sein

- Lerne und lese: Höre nie auf, dich zu bilden und versuche, regelmäßig zu lesen. Bilde dich, denn dieser Prozess wird nie aufhören und eröffnet immer weitere Türen

- **Ehre**, **Stolz** und **Respekt**: Habe Respekt vor anderen, da jeder Mensch einen gewissen Grundrespekt verdient hat. Dies gilt solange, solang auch du respektiert wirst. Eine Ausnahme dieses Verhaltens bildet hier eine zweite Ebene, vor allem im Berufsleben und im gesellschaftlichen Miteinander.

  Hier muss man miteinander auskommen und Konflikte, die einen nur aufhalten, so gut es geht vermeiden. Bis zu einem gewissen Grad gilt es so die Stellung zu wahren und sich zurückzuhalten, damit man im Leben vorankommt und seine Ruhe hat.

Man wägt Vor- und Nachteile des Verhaltens ab, sodass dieses taktische Verhalten als eine Art Respekt vor dem eigenen, ruhigen Leben, dem Einkommen und friedlichen Miteinander angesehen werden kann.

Stolz bedeutet, dass du dir deines Wertes sicher bist, und es nicht zulässt, dass jemand dich respektlos behandelt. Andernfalls verteidigst du dich, denn du bist stolz auf dich und bist ein Teil dieser Welt, und das lässt du dir nicht nehmen - sieht es jemand anders, meide ihn.

Die Ehre ist die Mischung aus deiner Integrität bezüglich deiner Grundfesten und Überzeugungen, deiner Herzlichkeit und deinem Stolz. Es gilt, ein ehrbares, erfolgreiches und glückliches Leben zu führen, und dass man die nötige Herzlichkeit und Lockerheit, aber auch die Souveränität darin nicht vergisst.

Wirst du nicht respektiert oder wirst in deiner Ehre verletzt, obwohl du dir nichts zu Schulden hast kommen lassen, solltest du dir treu bleiben und dich von dieser Person fernhalten, denn du bist nicht auf dessen Gunst angewiesen.

Du bist wichtig, du hast Ziele und möchtest glücklich werden. Durch das Aufrechterhalten des Kontakts zu einer solchen Person gehst du genauso wie durch einen unnötigen Streit mit dieser womöglich Risiken ein, die dir später schaden. Natürlich muss man sich je nach Situation auch wehren, denn auch dies gehört zum Leben. Niemand hat das Recht, deine

Ehre zu kränken, aber man muss lernen, mit seinen Gefühlen hauszuhalten.

Man muss die Balance wahren, denn der Kränkende ist die Mühe eigentlich nie wert. Die hier aufkommenden Fragen sind: Wann muss man sich dennoch wehren und wann hält es nur auf oder schadet einem selbst? Wann muss man sich auch deshalb wehren, damit die Respektlosigkeit nicht zur Gewohnheit wird?

- Aussehen, Verhalten und Kompetenzen: Finde deine Nische und schätze an dir die Dinge, die attraktiv sind, ohne jemals eitel zu werden. Zwar gibt es „Schönheitsideale" und messbare Schönheit durch Symmetrie und Ähnliches, doch sollte man sich daran nicht wirklich orientieren, denn diese Dinge sind nicht wirklich so wichtig im Leben, zumal Schönheit auch andere Dinge ausmacht und kein Mensch perfekt ist.

Diese Faktoren bringen Vorteile im Leben mit sich, können aber auch schnell wieder vergehen oder anders bewertet werden, und das wird es nicht sein, was die Menschen an dir gut finden oder in dir suchen werden. So wie Geschmäcker verschieden sind, sind es auch die Menschen.

Akzeptiere dich und finde heraus, was du wirklich an anderen magst – so kannst du nach deinem passenden Gegenstück suchen. Und sei nie wie diejenigen, die Trends, Idealen oder bestimmten Menschen hinterherlaufen.

Das gleiche gilt für das Verhalten, da man sich auch hier finden muss. Es gilt, Extreme auszuschließen; nur nicht das, was zu dir gehört und gut ist. Finde die Kompetenzen, die zu deinem Leben passen und sei im inneren stolz auf das, was du geschafft hast, ohne immerzu den Vergleich mit anderen anzustreben

- Finde bei aller Balance und Suche nach dir selbst (d)einen vernünftigen Platz in der Gesellschaft. Manches muss im Stillen geschehen, und manchmal hat man für die wirklich schönen Dinge nur wenig Zeit – aber diese ist dann um so wertvoller.

Es gilt, unabhängig zu werden, und dafür muss man lernen, was man darf und sollte und was nicht. Lerne, dich anzupassen, ohne dich selbst aufzugeben, die Gesellschaft zu lesen, zu verstehen und dir Handlungsmöglichkeiten zu verschaffen, ohne Zeit mit negativen Konsequenzen oder Konflikten zu vergeuden. Das gehört dann zur Freiheit

- Lerne, mit Rückschlägen zurechtzukommen und dass manche Ziele sich Zeit lassen, ehe man sie erreicht. Nur aufgeben darf man nicht. In meinem Fall hat es teilweise Jahre gedauert, bis einige Punkte wirklich erfüllt oder in meinen Lebensalltag integriert werden konnten. Da die Realisierung einiger Ziele zum Teil schubweise erfolgte und sich andere Probleme fast unbemerkt von selbst lösten, weiß man nie genau, wie lange es wirklich dauert. Verloren hat man nur, wenn man aufgibt

- Fange an, dich mit deiner Ernährung auseinanderzusetzen und erstelle dir einen vernünftigen Ernährungsplan; fange an, regelmäßige Bewegung und Sport (Ausdauer und Kraft) in deinen Alltag zu integrieren; probiere Hobbys aus, die dir gefallen könnten und suche dir eins; probiere die Musikrichtungen aus, die es gibt und finde eine, die dir Kraft gibt oder die dich entspannen lässt; befasse dich mit Entspannungsmethoden, probiere sie aus und finde diejenigen, die am besten zu dir passen

- Erstelle eine Collage über dein Leben. Mit einfachen Standardprogrammen ist es möglich, Bilder von den Menschen, zu denen man eine besondere Beziehung hat, von Erfolgen, Reisen, Erlebnissen und von weiteren Dingen, die man mag oder die einem wichtig sind, zu erstellen

- Wertschätze den Moment. Zunächst gelingt es nur zögerlich, mit der Zeit wird es allerdings immer besser gelingen, mal abzuschalten oder sich zu entspannen. Glückliche Momente sollte man genießen, denn sie werden auch später keine Selbstverständlichkeit sein. Man muss lernen, für diese dankbar zu sein und sie sich nicht von Problemen oder Konflikten nehmen zu lassen.

Komplikationen und Aufgaben werden immer da sein und das Leben durchweg begleiten, auch wenn man es durch einen geregelteren Alltag und durch eine erhöhte Produktivität geschafft hat, mehr Erfolge zu erzielen und ein angenehmeres Leben zu führen.

Ich habe festgestellt, dass es nur wenige Dinge gibt, die mich wirklich entspannen lassen, wie beispielsweise zu duschen, Musik zu hören, sich zu sonnen oder zu verreisen.

Ab dem Moment, indem ich anfing, diese Dinge bewusst zu schätzen und zu ehren, wurde ich ruhiger, das Leben machte mehr Spaß und ich gewann sogar an Produktivität. Letztendlich sollte man das Leben auskosten, so lange man es kann, denn es kommen immer wieder Phasen der Traurigkeit, die wirklich zeigen, was im Leben wichtig ist

- Fange an, auch den Weg und die einzelnen Lebensbereiche zu genießen und verhalte dich so, dass du dein Verhalten nicht bereust. Vor lauter Eifer kann es passieren, dass man sich selbst unter zu viel Druck setzt und sich permanent ausgelaugt fühlt.
  Sobald man gut vorankommt, sollte man anfangen, alle Aufgaben mit der nötigen Ruhe anzugehen und sich seiner Sache sicher zu werden. Dabei sollte man sich klarmachen, wie man sich selbst sehen möchte und lernen, sich entsprechend zu verhalten

- Nimm dich und das Leben ernst – aber je nach Situation auch nicht zu ernst. Steh für dich ein und sehe dich in einem positiven Licht. Akzeptiere es, wenn andere dich anders sehen oder wahrnehmen, denn ihre Meinungen sind nicht so wichtig. Mach dich nicht von anderen abhängig, denn du musst in erster Linie vor dir (und Gott) geradestehen

- Finde heraus, was deine wirklichen Ziele sind. Trenne dich von alten Idealen oder eingeschränkten Sichtweisen aus der Vergangenheit und lass diese ruhen. Die Vergangenheit sollte dir lediglich dazu dienen, aus ihr aufgrund der überstandenen Erlebnisse und wegen der Erinnerungen an bestimmte Personen und Erlebnisse Kraft zu ziehen.

Mach sie so zur Basis einer schönen Zukunft, in der du dein Leben in die Hand nimmst, neue Erfahrungen sammelst, Entdeckungen machst und Stärken entwickelst.

Wenn du dir deiner Ziele sicher bist, versuche Möglichkeiten zu finden, sie umzusetzen. Je mehr du von ihnen erreichst, je mehr Probleme du hinter dir lässt oder verarbeitest, desto mehr Türen werden sich dir öffnen und umso freier wirst du. Du lernst - nicht nur über dich, sondern auch über das Leben.

Die Formel und ihre Strategien sollen dich auf deinem Weg begleiten und dir dabei helfen, dich zu finden, dein Leben zu ändern und am Ende glücklich zu werden. Dieser Prozess der Entwicklung wird nie enden, sondern ein ständiger Lebensbegleiter. Es wird neue Ziele geben, und neue Erkenntnisse. Denn so wie das Lernen nie aufhört, hört auch die Entwicklung nicht auf, und auch nicht das Lieben und die neu zu entdeckenden Erfahrungen.

Das, was sich ändern wird, ist das bisherige Leben: Denn es wird das Leben, das man führen möchte, man wird der sein, der man wirklich ist und sein möchte, und man wird mit Stolz auf den zurückgelegten Weg blicken können, bei all dem Schmerz den das Leben bereitet, mit erhobenem Haupt und einem Lächeln im Gesicht, weil man sieht, dass das Leben bei all seinen Qualen gut ist

3.4 Die Formel – Vervollständigung und Verfeinerung

Nachdem man sich über seine Ziele, Stärken, Probleme und Strategien klar geworden ist, kann man seine Formel mit diesen Erkenntnissen komplettieren. Beispielsweise kann man ergänzend zu seinen „Wünschen" die neu entdeckten Ziele aufzählen (z.B. Hilf mir, … zu erreichen), gefolgt von den Stärken, die man besitzt oder neu entdeckt hat.

In gleicher Weise kann man die kleinen und großen Erfolge, die man nun schon erreicht hat, die Probleme, die man angehen möchte und die ausgewählten Strategien folgen lassen.

Auch an anderen Stellen kann die Formel mit kurzen Erweiterungen versehen werden. So wird sie noch ein Stück persönlicher und kann einem als tägliche Besinnung, aber auch in Notsituationen zur Seite stehen.

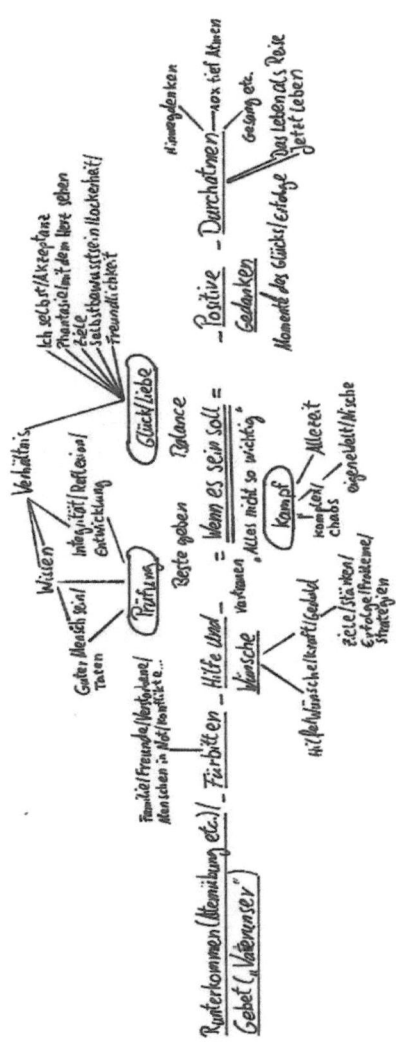

Abbildung 5: Beispiel der Formel – Verfeinert

3.5 Sprüche und Zitate

Das Konzept der Formel besteht daraus, sich selbst zu finden und einen eigenen Weg zu gehen. Abgesehen davon schadet es aber auch nicht, sich Inspiration zu holen und jede Chance zu nutzen, sich selbst zu motivieren und für Rückhalt zu sorgen. Das gilt natürlich genauso für die Erkenntnisse und die guten Ratschläge von seinen Mitmenschen.

Zitate und Sprüche von bekannten Personen, die entweder etwas Besonderes geleistet haben oder die Funktion eines Vorbilds erfüllen, haben den Vorteil, dass sie bestärkend wirken können und man neuen Mut fasst. Andererseits ist es natürlich immer schwierig nachzuprüfen, ob die Zitate wirklich von der zugeschriebenen Person so gesagt oder geschrieben wurden, und es gibt weiterhin natürlich für jede Haltung oder Position Zitate, die sich in verschiedene Richtungen interpretieren lassen.

Zudem gilt, das eigene Motiv zu hinterfragen — möchte ich mich anspornen lassen oder verstecke ich mich hinter einer anderen Meinung? Da es weiterhin viele Menschen gibt, die meinen, dass das Anbringen eines Zitats alleine schon besonders tiefgründig sei, wird man in Zeiten der sozialen Medien oftmals mit diesen regelrecht vollgemüllt. Daneben gibt es aber auch Menschen, die Zitaten gegenüber auch sonst nicht ganz unberechtigt kritisch eingestellt zu sein scheinen:

Zitate sind Hilfen für den Notfall. Wenn wir uns zu schwach fühlen, um mit der eigenen Meinung vorzupreschen, hilft uns ein Zitat: Wir zeigen Flagge, aber nicht die eigene. (Unbekannter Autor)

Und dennoch finde ich, dass Zitate und Sprichwörter (für den Selbstgebrauch) eine belebende und stärkende Funktion haben können, und dass sie mich selbst schon oft ermutigt haben. Aus diesem Grund habe ich eines Tages eine Liste mit Zitaten zusammengestellt und möchte nachfolgend hier zumindest einige wenige daraus anführen.

Eine grundsätzliche Anmerkung zu Zitaten und den dahinterstehenden Verfassern: Natürlich unterstütze ich nicht alles, was die zitierten Personen getan oder anderweitig von sich gegeben haben mögen, zumal wahrscheinlich gar nicht alles bekannt oder mir bewusst sein dürfte.

Dennoch haben die nachfolgend genannten Autoren meiner Meinung nach kluge Dinge geäußert und gelten zum Teil als bedeutende Personen der Weltöffentlichkeit. So gesehen bewerte ich im Folgenden die jeweiligen Aussagen zumindest als gut formuliert und geistreich, sollen im Ganzen aber keine politischen oder religiösen Statements darstellen.

Zunächst einige Sprichwörter, deren Autoren nicht bekannt sind und der Formel sowie der zugehörigen Strategien zuträglich sind:

In der Ruhe liegt die Kraft.

Eins nach dem anderen.

Erst die Arbeit, dann das Vergnügen.

Immer mehr Träume in der Seele bewahren als die Realität zerstören kann.
(Indianisches Sprichwort)

Ergänzend war hier geplant, weitere Zitate und Lehren verschiedener Personen der Öffentlichkeit und Zeitgeschichte anzufügen, die abschließend mit zwei etwas längeren Passagen von Immanuel Kant und Konfuzius abgeschlossen werden sollten.

Da zurzeit für den Laien kaum ersichtlich bleibt, wann ein Zitat wie geschützt ist und in welchen Fällen trotz der eigentlichen Gemeinfreiheit ein bestimmtes Urheberrecht vorliegen könnte, nenne ich stattdessen vorerst nur die Autoren der Zitate.

Durch die Möglichkeiten des Internets kann sich so jeder selber ein Bild davon machen, welche Zitate man von welchen Verfassern für geeignet hält, eine bestärkende Wirkung für den eigenen Lebensstil und die eigenen Ziele zu besitzen – und vielleicht sind ja auch diejenigen darunter, die ich für sehr geeignet hielt.

Autoren, deren Zitate mir sehr gefielen, gut formuliert wurden und meiner Ansicht nach dem Geist meiner Arbeit entsprechen, sind unter anderem:

Archibald Cronin

Napoleon Hill

David Joseph Schwartz

Marlon Brando

Christian Friedrich Hebel

Mark Twain

Laotse

Friedrich Nietzsche

Vers 3838 – 3847 aus Johann Wolfgang von Goethes „*Faust*" (vgl. Goethe 2012: 112)

Ludwig Bechstein

Don Bosco

Albert Einstein

sowie 14 Zitate aus Immanuel Kants Schrift „*Über Pädagogik*" (vgl. Kant 1803)

Ganz ohne Zitat möchte ich diese Arbeit jedoch nicht abschließen, sodass ich am Ende zumindest ein Zitat von Konfuzius anbringen möchte. Sollte sich herausstellen, dass es rein rechtlich doch auf eine mir bisher nicht bekannte Weise möglich sei, die eigenen Lieblingszitate abzudrucken, würde ich dies sehr gerne zeitnah nachholen.

In dieser Arbeit geht es zusammenfassend nicht nur um die ganz eigene, persönliche Formel des Lebens, es geht auch darum, die erarbeiteten Strategien auf dem Weg zu dem gewünschten Selbst umzusetzen.

Diese kann man mit der „Liste" kontrollieren, sodass man hier neue Gewohnheiten pflanzt, die das eigene Leben Stück für Stück verändern werden. Man wird so ein neuer Mensch mit einer neuen Richtung, der sich bezüglich seines Lebensstils, vielleicht aber auch hinsichtlich seines Denkens von anderen, und vor allem von seinem Selbst vergangener Tage unterscheiden wird. Schon Konfuzius schrieb:

Von Natur aus sind die Menschen fast gleich; erst die Gewohnheiten entfernen sie voneinander.

Konfuzius (Chinesischer Philosoph, verm. 551 v. Chr. - 479 v. Chr.)

Ausblick

Die Erstellung der Formel und die Strategien, um sein Leben zu ändern und produktiver zu gestalten sind also ein lebenslanger, lohnender Prozess, der das Leben bereichert.

Im Anschluss an dieses Buch sollen weitere Ergänzungen in Form von Aufsätzen und Tipp-Listen zu einzelnen Begriffen und Themen folgen. In diesem Buch sind aufgrund der Weite des Themas viele Punkte nur angeschnitten worden und recht kurz und verdichtet dargestellt, da ich denke, dass sich die Suche nach seinem Selbst sonst in einer unübersichtlichen Fülle verloren hätte.

Im nächsten Teil geht es auch um weitere Strategien, zum Beispiel gegen das Grübeln, um die eigene Motivation zu steigern oder wie man mit Konflikten umgehen sollte.

Ebenfalls Gegenstand des nächsten Teils sind ein Sport- und Ernährungsplan, Entspannungsmöglichkeiten und Aufsätze, die unter anderem folgende Themen behandeln: Familie, Freundschaft, Liebe, das Reisen und die Arbeit.

Anmerkung

Ein Zitat zum täglichen Gebrauch der Formel,
falls man mal etwas weniger Zeit hat:

Die Formel durchzugehen stellt also eine Betä-
tigung dar, in der man in sich hineinhorcht und zur
Ruhe kommt. Es würde der Sache sicherlich gerecht werden, wenn man sich aufgrund der Wichtigkeit der Formel für sie einige Minuten Zeit nehmen würde, in der man sich voll und ganz auf
diese konzentrieren könnte.

Da dies nicht immer gelingt und man sich die
Formel so auch mal zwischendurch vor Augen
führen kann, wenn man sonst keine Zeit findet, gilt
nicht nur hier, sondern auch schon im Judentum.
Hier gibt es nicht nur viele Gebete, sondern werden sie auch je nach Situation sehr andächtig und
zeremoniell begangen. Doch ist es hier auch möglich, während seines Weges kurz zu beten, wie im
babylonischen Talmud (Fromer 2013: 51) festge-
halten wird:

„(…) und ich habe gelernt, dass man auf dem
Wege beten darf, und ich habe gelernt, dass, wer
auf dem Wege betet, ein kurzes Gebet verrichten
darf".[12]

---

[12] Babylonischer Talmud, 1. Traktat: Berachot, Lobsprüche:
Wortgetreue Übersetzung, Bl. 3A – Erzählung des Rabbi
Jose, der vom Propheten Elias zur Rede gestellt wurde,
nachdem dieser eine Ruine betreten hat um hier zu beten.

Der Verweis auf andere Religionen, besonders auf die drei monotheistischen Religionen des Judentums, des Christentums und des Islam, hat in erster Linie nichts mit dem eigenen Glauben zu tun, sondern damit, dass diese Religionen Teil der (hiesigen) Kultur(en) sind, sie damit die Gesellschaft und die Menschen auf vielfache Weise prägen und ihnen eine große spirituelle Kraft innewohnt, sofern man sich auf diese einlassen möchte.

Sie stellen zudem unter anderem eine Verbindung zu vergangenen Generationen dar und manchmal lohnt es sich, die das Leben betreffenden Erkenntnisse zumindest anzuhören.

Heutzutage prägen die Menschen durch die Globalisierung, den Zugriff auf Bildung und durch das Zusammenwachsen der Welt auch weiter entfernte Kulturen, weitere Religionen oder Lehren wie der des Konfuzianismus, die dem Menschen zum Vorteil gereichen. Interessant ist, dass verschiedene Probleme und Ansichten in den jeweiligen Kulturformen zwar oft recht unterschiedlich betrachtet werden, sie sich am Ende jedoch oft nicht gänzlich ausschließen und viele grundsätzliche Parallelen erkennbar sind.

Heutzutage wird zu oft vergessen, dass man sich beim Einlassen auf eine Kultur oder Religion, diese weder in seine Gesamtheit annehmen muss, noch dass man die eigene, differenzierte Ansicht als gefährdet ansehen muss.

Abbildungsverzeichnis

Literaturverzeichnis

Ali, Afia / Ambler, Gareth / Strydom, Andre et al. (2012): *The relationship between happiness and intelligent quotient: the contribution of socio-economic and clinical factors*, in: *Psychological Medicine, 43(6), 1303-1312*, [online] https://doi.org/10.1017/S0033291712002139 [05.11.2020].

Billings, Lee (2019): *Atheism Is Inconsistent with the Scientific Method, Prizewinning Physicist Says, in: Scientific American: The Sciences: Physics*, [online] https://www.scientificamerican.com/article/athei sm-is-inconsistent-with-the-scientific-method-prizewinning-physicist-says/ [31.10.2010].

Brainard, Jeffrey (2020): *NIH Director Francis Collins honored for work to bridge science and religion, in: Science: People & Events / Scientific Community*, [online] https://doi.org/10.1126/science.abc9139 [31.10.2020].

Damasio, Antonio (2014): *Descartes' Irrtum. Fühlen, Denken und das menschliche Gehirn* (E-Book). Aus dem Engl. übers. v. Hainer Kober. Berlin: Ullstein eBooks.

Darwin Correspondence Project (o. J.): *Letter no. 12041*, [online] https://www.darwinproject.ac.uk/letter/DCP-LETT-12041.xml [04.07.2020].

Dawson Jr., John W. (1999): *Kurt Gödel und die Grenzen der Logik, in: Spektrum der Wissenschaft, 9, 74-79*, [online] https://www.spektrum.de/magazin/kurt-goedel-und-die-grenzen-der-logik/825693 [31.10.2020].

Die Bibel. Altes und Neues Testament. Einheitsübersetzung (1980): Hg. im Auftr. d. Bischöfe Deutschlands, Österreichs, d. Schweiz, d. Bischofs von Luxemburg u.a. Freiburg / Basel / Wien: Herder.

Draganich, Christina / Erdal, Kristi (2014): *Placebo Sleep Affects Cognitive Functioning, in: Journal of Experimental Psychology: Learning, Memory, and Cognition, 40(3), 857-864*, [online] https://doi.org/10.1037/a0035546 [20.10.2020].

Duden. Deutsches Universalwörterbuch (2019): Hg. v. d. Dudenredaktion. 9., vollst. überarb. u. erw. Aufl. Berlin: Dudenverlag.

Dunn, Elizabeth W. / Wilson, Daniel T. / Wilson, Timothy D. (2011): *If Money Doesn't Make You Happy Then You Probably Aren't Spending It Right, in: Journal of Consumer Psychology, 21(2), 115-125*, [online] https://doi.org/10.1016/j.jcps.2011.02.002 [06.11.2020].

EKD (o. J.): *Vaterunser. Das Gebet Jesu*, [online]
https://www.ekd.de/Vater-unser-10784.htm
[04.07.2020].

Fiedler, Teja (2015): *Religion - Warum glaubt der
Mensch?, in: National Geographic, 12, 44-65*, [online]
https://www.nationalgeographic.de/geschichte-
und-kultur/religion-warum-glaubt-der-mensch
[04.07.2020].

Fowler, James H. / Christakis, Nicholas A.
(2008): *Dynamic spread of happiness in a large social
network: longitudinal analysis over 20 years in the
Framingham Heart Study, in: BMJ 337:a2338*,
[online] *https://doi.org/10.1136/bmj.a2338*
[04.11.2020].

Freie Universität Berlin (2013): *Gödels
„Gottesbeweis" bestätigt: Wissenschaftler der Freien
Universität und der TU Wien überprüfen
Argumentationskette des österreichischen Mathematikers
mithilfe von Computern, in: FU-Berlin:
Pressemitteilungen 308/2013*, [online]
https://www.fu-
berlin.de/presse/informationen/fup/2013/fup_1
3_308/index.html [31.10.2020].

Fromer, Jakob (Hg.) (2013): *Der Babylonische
Talmud*. Übers. u. erl. v. Jakob Fromer. Hg. u. mit
einem Vorw. vers. v. Gerold Necker. Wiesbaden:
Marix.

Gale, Catherine R. / Booth, Tom / Mottus, René et al. (2013): *Neuroticism and Extraversion in youth predict mental wellbeing and life satisfaction 40 years later, in: Journal of Research in Personality, 47(6), 687-697*, [online] https://doi.org/10.1016/j.jrp.2013.06.005 [06.11.2020].

Gefter, Amanda (2009): *Advice on monogamy from the animal kingdom, in: New Scientist: Life*, [online] https://www.newscientist.com/article/dn17888-advice-on-monogamy-from-the-animal-kingdom/ [04.07.2020].

Goerg, Sebastian J. / Kube Sebastian (2012): *Goals (th)at Work Goals, Monetary Incentives, and Workers´ Performance, in: MPI Collective Goods Preprint, 2012/19*, [online] http://dx.doi.org/10.2139/ssrn.2159663 [06.11.2020].

Goethe, Johann Wolfgang von (2012): *Faust. Der Tragödie erster Teil.* Durchges. Ausg. Stuttgart: Reclam.

Gotteslob. Katholisches Gebet- und Gesangbuch. Ausgabe für das Erzbistum Köln (1975). Hg. v. d. Bischöfen Deutschlands u. Österreichs u. d. Bistümer Bozen-Brixen u. Lüttich. Köln: J. P. Bachem.

Harrison, Peter (2016): *Der Mythos eines ständigen Kampfes zwischen Wissenschaft und Religion, in: Theologie und Naturwissenschaften.* Aus dem Engl. übers. v. Andreas Losch (2017), [online] https://www.theologie-naturwissenschaften.de/startseite/leitartikelarchiv/konfliktmythos [06.11.2020].

Hauser, Marc (2009): *Moral minds. How nature designed our universal sense of right and wrong* (E-Book). New York: Harper Collins e-Books.

Hilbrand, Sonja / Coall, David / Gerstorf, Denis / Hertwig, Ralph (2016): *Caregiving within and beyond the family is associated with lower mortality for the caregiver: A prospective study, in: Evolution and Human Behavior, 38(3), 397-403*, [online] https://doi.org/10.1016/j.evolhumbehav.2016.11.010 [04.07.2020].

Houber, Hubert (2008): *Kaiser Friedrich II. (1194-1250). Herrscher, Mensch und Mythos.* Stuttgart: Kohlhammer.

Hoyle, Fred / Wickramasinghe, Nalin Chandra (1981): *Evolution aus dem All. Über den Ursprung irdischen Lebens.* Aus dem Engl. übers. v. Ralf Friese. Berlin / Frankfurt/M. / Wien: Ullstein.

Kahneman, Daniel / Deaton, Angus (2010): *High income improves evaluation of life but notemotional well-being, in: PNAS, 107(38), 16489-16493*, [online] https://doi.org/10.1073/pnas.1011492107 [31.10.2020].

Kant, Immanuel (1803): *Über Pädagogik*. Hg. v. D. Friedrich Theodor Rink. Königsberg.

Kok, Bethany E. / Coffey, Kimberly A. / Cohn, Michael A. et al. (2013): *How Positive Emotions Build Physical Health: Perceived Positive Social Connections Account for the Upward Spiral Between Positive Emotions and Vagal Tone, in: Psychological Science, 24(7), 1123-1132*, [online] https://doi.org/10.1177/0956797612470827 [06.11.2020].

Koo, Minjung / Fischbach, Ayelet (2012): *The Small-Area Hypothesis: Effects of Progress Monitoring on Goal Adherence, in: Journal of Consumer Research, 39(3), 493-509*, [online] https://doi.org/10.1086/663827 [06.11.2020].

Lane, Earl (2010): *A Sociologist and a Journalist Assess How Science and Religion Get Along, in: AAAS: News*, [online] https://www.aaas.org/news/sociologist-and-journalist-assess-how-science-and-religion-get-along-0 [31.10.2020].

Lennox, John (2017): *Hat die Wissenschaft Gott begraben? Eine kritische Analyse moderner Denkvoraussetzungen*. 14. Gesamtaufl. Witten: SCM Brockhaus.

LMU München (2018): *Egoisten sind nicht erfolgreicher, in: LMU: Forschung aktuell*, [online] https://www.uni-muenchen.de/forschung/news/2018/melessa_schmidt.html [17.10.2020].

Löbner, Sebastian (2003): *Semantik. Eine Einführung*. Berlin: De Gruyter.

Lomas, Tim (2018a): *How I discovered there are (at least) 14 different kinds of love by analysing the world´s languages, in: The Conversation: Science + Technology*, [online] https://theconversation.com/how-i-discovered-there-are-at-least-14-different-kinds-of-love-by-analysing-the-worlds-languages-91509 [31.10.2020].

Lomas, Tim (2018b): *Why Is Finland So Happy?, in: Psychology Today*, [online] https://www.psychologytoday.com/gb/blog/finding-light-in-the-darkness/201803/why-is-finland-so-happy [31.10.2020].

Lutherbibel (1912): *Sprüche – Kapitel 21*, [online] https://www.bibel-online.net/buch/luther_1912/sprueche/21/#2 [16.10.2020].

MacGill, Markus (2017): *What is the link between love and oxytocin?, in: Medical News Today*, [online] https://www.medicalnewstoday.com/articles/275795 [01.11.2020].

Mauss, Iris B. / Tamir, Maya / Anderson, Craig L. et al. (2011): *Can seeking happiness make people unhappy? Paradoxical effects of valuing happiness, in: Emotion, 11(4), 807-815*, [online] https://doi.org/10.1037/a0022010 [06.11.2020].

McCaig, Amy (2018): *Hawking declares 'There is no God,' but many scientists disagree, in: Rice University: News Releases*, [online] https://news.rice.edu/2018/11/01/hawking-declares-there-is-no-god-but-many-scientists-disagree/ [31.10.2020].

Norton, Michael I. / Gino, Francesca (2013): *Rituals Alleviate Grieving for Loved Ones, Lovers, and Lotteries, in: Journal of Experimental Psychology: General, 143(1), 266-272*, [online] https://doi.org/10.1037/a0031772 [06.11.2020].

Nußbaum, Margret (2010): *Das Vaterunser – Das bekannteste Gebet*, [online] https://www.katholisch.de/artikel/39-das-vaterunser [04.07.2020].

Ootsubo, Takafumi / Kawakita, Hideyo / Shinnaka, Yoshiharu et al. (2019): *Unidentified infrared emission features in mid-infrared spectrum of comet 21P/Giacobini-Zinner, in: Icarus, 338, 113450*, [online] https://doi.org/10.1016/j.icarus.2019.113450 [04.07.2020].

Poncela-Casasnovas, Julia / Gutiérrez-Roig, Mario / Gracia-Lázaro, Carlos et al. (2016): *Humans display a reduced set of consistent behavioral phenotypes in dyadic games, in: Science Advances, 2(8), e1600451*, [online] https://doi.org/10.1126/sciadv.1600451 [04.07.2020].

Post, Stephen G. (2005): *Altruism, Happiness, and Health: It's Good to Be Good, in: International Journal of Behavioral Medicine, 12(2), 66-77*, [online] https://doi.org/10.1207/s15327558ijbm1202_4 [01.11.2020].

Preiner, Martina / Igarashi, Kensuke / Muchowska, Kamila et al. (2020): *A hydrogen-dependent geochemical analogue of primordial carbon and energy metabolism, in: Nature Ecology & Evolution, 4, 534-542*, [online] https://doi.org/10.1038/s41559-020-1125-6 [20.10.2020].

Purol, Mariah / Keller, Victor / Oh, Jeewon et al.
(2020): *Loved and lost or never loved at all? Lifelong
marital histories and their links with subjective well-being,*
in: The Journal of Positive Psychology, [online]
https://doi.org/10.1080/17439760.2020.1791946
[01.11.2020].

Robison, Matthew (2014): *Are People Naturally
Inclined to Cooperate or Be Selfish?, in: Scientific
American: Mind: Behavior & Society,* [online]
https://www.scientificamerican.com/article/are-
people-naturally-inclined-to-cooperate-or-be-
selfish/ [01.11.2020].

Roth, Gerhard (2003): *Fühlen, Denken, Handeln.
Wie das Gehirn unser Verhalten steuert.* 1. Aufl. Neue,
vollst. überarb. Ausg. Frankfurt am Main:
Suhrkamp.

Roth, Gerhard (2019): *Warum es so schwierig ist, sich
und andere zu ändern. Persönlichkeit, Entscheidung und
Verhalten* (E-Book). Stuttgart: Klett-Cotta.

Spitz, René u.M. v. Godfrey Cobliner (1987): *Vom
Säugling zum Kleinkind. Naturgeschichte der Mutter-
Kind-Beziehungen im ersten Lebensjahr.* Aus dem
Engl. übers. v. Gudrun Theusner-Stampa.
Sonderausg. Stuttgart: Klett-Cotta.

Syracuse University (2010): *Falling in love only takes about a fifth of a second, research reveals, in: Science Daily: Science News*, [online]
https://www.sciencedaily.com/releases/2010/10/101022184957.htm [04.07.2020].

Tanakh – The Hebrew Bible (o. J.): *Mishlei - Proverbs - Chapter 21* [online]
https://www.chabad.org/library/bible_cdo/aid/16392 [04.07.2020].

The Physiological Society (2020): *Love hormone also forms important link between stress and digestive problems, in: Science Daily: Science News*, [online]
www.sciencedaily.com/releases/2020/08/200831224041.htm [01.11.2020].

Townsend, Claudia / Liu, Wendy (2012): *Is Planning Good for You? The Differential Impact of Planning On Self-Regulation, in: Journal of Consumer Research, 39(4), 688-703*, [online]
https://doi.org/10.1086/665053 [06.11.2020].

Vaas, Rüdiger (2000): *Titelthema – (K)ein Platz für Gott: Der Glaubensstreit, in: Wissenschaft.de: Allgemein*, [online]
https://www.wissenschaft.de/allgemein/titelthema-kein-platz-fuer-gott-der-glaubensstreit/ [31.10.2020].

Vaillant, George E. / McArthur, Charles C. / Bock, Arlie (2010): *Grant Study of Adult Development, 1938-2000, in: Harvard Dataverse, V4*, [online] https://doi.org/10.7910/DVN/48WRX9 [05.11.2020].

Verhoeven, Aukje A. C. / Adriaanse, Marieke A. / De Ridder, Denise T. D. Et al. (2013): *Less is more: The effect of multiple implementation intentions targeting unhealthy snacking habits, in: European Journal of Social Psychology, 43(5), 344-354*, [online] https://doi.org/10.1002/ejsp.1963 [06.11.2020].

Ware, Bronnie (2013): *5 Dinge, die Sterbende am meisten bereuen: Einsichten, die Ihr Leben verändern werden* (E-Book). Aus dem Engl. übers. v. Wiebke Kuhn. München: Arkana.

Wyhe, John van (2002): *The complete work of Charles Darwin online*, [online] http://darwin-online.org.uk/content/frameset?viewtype=side&itemID=F1497&pageseq=94 [04.07.2020].

FINDE DEINE FORMEL

alias

Die Quelle des Geistes in der allumgebenden Harmonie